# papillotes

# papillotes

© 2011 Hachette Livre (Marabout).

Introduction de Juliette Baujard.
Mise en pages : Les PAOistes.
Correction : Clémentine Bougrat.

Tous droits réservés. Toute reproduction ou utilisation de l'ouvrage sous quelque forme et par quelque moyen électronique, photocopie, enregistrement ou autre que ce soit, est strictement interdite sans autorisation écrite de l'éditeur.

Pour l'éditeur, le principe est d'utiliser des papiers composés de fibres naturelles, renouvelables, recyclables et fabriquées à partir de bois issus de forêts qui adoptent un système d'aménagement durable. En outre, l'éditeur attend de ses fournisseurs de papier qu'ils s'inscrivent dans une démarche de certification environnementale reconnue.

ISBN : 978-2-501-07212-0
Dépôt légal : janvier 2011
40.5208.0/01
Imprimé en Espagne par Impresia-Cayfosa

# sommaire

| | |
|---|---|
| introduction | 6 |
| poissons | 12 |
| volailles | 98 |
| viandes | 138 |
| végétariens | 164 |
| desserts | 192 |
| annexe | 234 |

# introduction

Cuisiniers débutants ou habitués des fourneaux, parents débordés ou retraités gastronomes, célibataires abonnés aux fast-foods ou familles en mal d'inspiration culinaire, ce livre est fait pour vous. Ces recettes de papillotes vous raviront, tant elles réunissent toutes les qualités de la cuisine moderne. Savoureuses, faciles et rapides à réaliser, préservant toutes les vertus nutritionnelles des aliments, elles feront le bonheur de tous.

Les papillotes se prêtent à tout produit et toute création culinaire. Les recettes d'entrées, plats ou desserts présentées dans cet ouvrage conviendront aux amateurs de viandes ou de poissons, aux végétariens comme aux gourmands de desserts : il y en a pour tous les goûts. Il suffit de suivre quelques petites astuces pour faire de vos dîners de vrais festins.

## Une cuisson saine

Cuisiner en papillotes n'est pas seulement une amusante façon de présenter les plats. En effet, le mode de cuisson à l'étouffée, c'est-à-dire en enfermant des aliments dans une enveloppe hermétique, permet la conservation de toutes les vitamines et protéines contenues dans les produits. Là où la cuisson à l'eau détériore plus de 70 % des nutriments contenus dans les légumes, la cuisson en papillotes, elle, en préserve environ 80 %. De plus, aucun ajout de matières grasses n'est nécessaire dans ce type de préparation, ce qui favorise une cuisine légère et diététique, au contraire des cuissons à la poêle ou en cocotte. La papillote permet aussi une forte concentration des saveurs. Une épice aura ainsi une résonnance gustative beaucoup plus importante qu'avec un autre mode de préparation.

La papillote apporte donc la meilleure garantie nutritionnelle. Grâce à elle, votre alimentation gagnera en goût, en équilibre et en légèreté. Vos repas ne serviront plus seulement à vous nourrir, ils vous apporteront santé, vitalité et vrais plaisirs gustatifs.

## À propos des recettes

Ce livre réunit une centaine de recettes. En 5 chapitres, poissons, volailles, viandes, végétariens et desserts, il vous propose un panel de tout ce qui peut être réalisé sous forme de papillotes.

Il y a les saveurs les plus traditionnelles, comme les papillotes de cabillaud aux légumes, les papillotes de saint-jacques, les papillotes de poulet au fenouil et les papillotes de porc aux deux choux ; ou les plus originales, comme les papillotes de maquereau aux pommes et au gingembre, les papillotes de lapin à la coriandre et au citron, les bricks de poire au chèvre et les papillotes de fruits au beurre vanillé. Cela va des plus simples, comme les papillotes de tomate et feta, les bricks aux pêches et le poulet à la moutarde, aux plus exotiques, comme le mulet en feuille de bananier, la papillote mexicaine épicée ou la papillote d'ananas au citron vert et beurre de rhum.

Le poisson reste le prince des aliments à préparer en papillote. Entier ou en filet, nature ou agrémenté d'épices, d'herbes ou de citron, il est glorifié par ce mode de préparation qui vous fera découvrir toutes ses subtilités.

## Matériel et cuisson

En premier lieu, vous devez avoir dans les placards de votre cuisine le matériel nécessaire à la fabrication des papillotes.

### Le papier d'aluminium

Il est très simple d'utilisation. Découpez un carré ou un rectangle et étalez-le sur le plan de travail. Garnissez le centre de la feuille puis remontez ses côtés, réunissez-les et enroulez-les de manière à enfermer hermétiquement la garniture à l'intérieur. Vous pouvez aussi replier les côtés de la feuille sur la garniture, les uns après les autres, de manière à obtenir un carré bien net.

Avec ce type de papillotes, la cuisson au four est la plus adaptée. Il est important de

bien préchauffer le four avant d'y cuire les papillotes. Si vous cuisez du poisson ou de la viande et que vous souhaitiez qu'ils soient dorés, percez plusieurs petits trous dans le papier d'aluminium, avec une pique à cocktail. Seul défaut de ce type de papier : il peut parfois altérer le goût des aliments, surtout lorsque vous ajoutez un liquide dans la papillote.

### Le papier sulfurisé

Le mode de préparation est le même qu'avec le papier d'aluminium. La cuisson au four est tout à fait adaptée, mais sachez que le papier sulfurisé durcira et prendra une couleur marron au cours de la cuisson. Attention : le papier deviendra cassant et donc plus difficile à manipuler en sortant les papillotes du four.

En revanche, le papier sulfurisé se prête parfaitement à une cuisson à la vapeur. Placez

les papillotes dans le panier du cuit-vapeur, posez-le sur une casserole adaptée remplie d'eau bouillante et couvrez.

## Les feuilles de brick
Les papillotes peuvent aussi être fabriquées avec des produits comestibles. Les feuilles de brick en sont le meilleur exemple. Elles doivent être préalablement badigeonnées de beurre, d'huile ou de blanc d'œuf battu. La cuisson se fait au four.

## Les feuilles de légumes
Les feuilles de chou, de poireau ou de laitue peuvent aussi servir. Il est nécessaire, pour le chou ou les poireaux, de les faire blanchir dans de l'eau bouillante afin de les assouplir. Pour les fermer, ficelez-les délicatement ou fermez-les à l'aide de minipinces à linge en bois. Optez pour une cuisson vapeur, mieux adaptée à ce type de produit.

## Les feuilles de bananier
Pour des préparations plus exotiques, choisissez de la feuille de bananier, que vous fermerez à l'aide de petites piques à cocktail. L'essentiel est de laisser parler votre créativité.

## Les papillotes en silicone
Ces ustensiles permettent une cuisson sans aucun dessèchement. Vous pouvez surveiller la cuisson en soulevant le couvercle. On trouve des papillotes en silicone individuelles, mais aussi des plus grandes dans lesquelles on peut cuire les poissons par deux ou même par quatre.

La papillote offre la possibilité d'inventer rapidement une présentation originale et personnelle. Les formes, les produits et les matières utilisés, les méthodes de fermeture sont multiples et laissent à chacun la possibilité de faire selon son humeur, son envie et son imagination. Si, aux premiers essais, vos papillotes vous sembleront parfois brinquebalantes, pas d'inquiétude ; avec la pratique, vous vous découvrirez rapidement une âme d'artiste culinaire et la manipulation du papier d'aluminium, des feuilles de brick et de bananier n'aura bientôt plus de secrets pour vous !

# Choisir les bons produits
Aujourd'hui, le temps consacré à la cuisine est de plus en plus réduit et l'on se rabat souvent sur des plats tout prêts ou surgelés. Les papillotes sont un excellent moyen de faire de la vraie cuisine, rapide et savoureuse, simple et raffinée. L'essentiel est

de choisir de bons produits, qui n'ont pas besoin d'être longuement cuisinés pour être délicieux. Optez pour des légumes et des fruits de saison, qui en plus d'être mûrs à point ont l'avantage d'être moins chers. Choisissez aussi les poissons et les crustacés en fonction des saisons. Le rouget et les sardines en été, le maquereau ou les noix de Saint-Jacques en hiver.

## Marinades

N'hésitez pas à faire mariner les produits pendant une vingtaine de minutes avant des les mettre en papillotes. Mélangez les fruits rouges avec un peu de cassonade, de la menthe ciselée et quelques baies roses concassées, couvrez-les de film alimentaire et laissez reposer au frais. Arrosez les poissons d'huile d'olive et parsemez-les d'aneth et de grains d'anis. Pour que les viandes rouges soient plus tendres, faites-les mariner dans du vin rouge avec du laurier, du thym et des grains de poivre. Veillez à bien égoutter vos produits avant de les placer dans les papillotes.

## Découpe des aliments

Il est préférable de découper les légumes en tranches, en lamelles ou en rondelles fines. Le temps de cuisson des papillotes est en général assez court : de trop gros morceaux risquent de ne pas être suffisamment cuits.

## Bien doser les liquides

Pour les viandes et les volailles, ajoutez dans la papillote un peu de liquide : vin, crème ou bouillon. Cela permettra à votre produit de ne pas se dessécher pendant la cuisson. *A contrario,* évitez les liquides dans les papillotes aux fruits. Ils en contiennent déjà beaucoup et en ajouter risquerait de détremper vos papillotes, surtout si celles-ci sont faites en feuilles de brick.

## Savourez !

Avec les papillotes, découvrez le plaisir de faire de la vraie cuisine, conviviale et goûteuse, simple et rapide. Des recettes pour tous les jours qui plairont à tout le monde, des recettes festives pour les déjeuners entre amis, des recettes raffinées et délicates pour les dîners en tête à tête, des recettes pour chaque saison, où les produits sont respectés et mis en valeur. Des recettes, enfin, qui privilégient la créativité, l'originalité et le désir de tout un chacun de faire plaisir et de partager une cuisine saine et savoureuse.

# poissons

# papillote d'aiglefin à la menthe

Pour **4 personnes**
Préparation **15 minutes**
Cuisson **8 à 10 minutes**

2 **citrons verts**
8 brins de **menthe fraîche**
4 **filets d'aiglefin**
4 **minifenouils**
**huile d'olive**
**fleur de sel** et **poivre du moulin**

**Brossez** 1 citron vert sous l'eau chaude puis émincez-le en rondelles ultrafines. Pressez le second citron.

**Préparez** les papillotes en superposant 2 larges feuilles de papier sulfurisé pour chacune : disposez-les sur le plan de travail et badigeonnez-en le centre d'huile d'olive au pinceau. Posez 1 brin de menthe au centre des papillotes puis disposez les filets d'aiglefin rincés et séchés par-dessus. Badigeonnez-les d'huile d'olive, poivrez-les, ajoutez 1 minifenouil sur chaque filet, un second brin de menthe fraîche et des fines rondelles de citron vert. Arrosez d'un filet d'huile d'olive et de jus de citron vert, et fermez hermétiquement les papillotes.

**Posez-les** sur une plaque de cuisson et glissez-les au four préchauffé à 180 °C, pour 8 à 10 minutes.

**À la sortie du four**, ouvrez les papillotes, salez les filets d'aiglefin à la fleur de sel, parsemez de pluches de fenouil ciselées et servez sans attendre avec une purée aux petits pois.

**Variante** Remplacez la fleur de sel par de la fleur de sel au fenouil ou à l'aneth.

**Conseil** Doublez le papier sulfurisé pour éviter que l'eau rendue par le poisson ne le fragilise à la cuisson.

# bar en papillote au poivre du Sichuan

Pour **4 personnes**
Préparation **20 minutes**
Cuisson **9 à 10 minutes**

2 gros **poireaux**
**gros sel**
2 **citrons** non traités
4 **pavés de bar** de 150 g chacun, avec la peau
1 c. à c. de **poivre du Sichuan**
**huile d'olive**
**fleur de sel**

**Nettoyez** les poireaux et coupez-les en trois, en éliminant la partie vert foncé et en réservant les blancs pour une autre utilisation. Lavez la partie vert pâle restante, en séparant les feuilles. Blanchissez-les 5 minutes dans de l'eau bouillante salée, puis rafraîchissez-les à l'eau glacée et séchez-les sur un torchon propre.

**Brossez** les citrons sous l'eau chaude, séchez-les et prélevez-en le zeste à l'économe, puis émincez-le en très fine julienne. Plongez-le pour 1 minute dans une petite casserole d'eau bouillante. Égouttez-le, rincez-le à l'eau froide et recommencez l'opération une fois.

**Coupez** 4 grandes feuilles de papier d'aluminium, doublez-les de 4 feuilles de papier sulfurisé, étalez-les sur le plan de travail et badigeonnez-les d'huile d'olive. Faites un lit de poireau au centre des papillotes. Posez dessus les pavés de bar rincés, séchés et badigeonnés d'huile d'olive, peau sur le dessus. Ajoutez le zeste de citron et parsemez de poivre du Sichuan. Arrosez d'un filet d'huile d'olive puis fermez hermétiquement les papillotes. Posez-les sur une plaque de cuisson, puis enfournez pour 9 à 10 minutes dans un four préchauffé à 180 °C.

**Ouvrez** les papillotes à la sortie du four et présentez les pavés de bar retournés sur la peau. Salez à la fleur de sel et ajoutez un filet de très bonne huile d'olive au moment de servir.

**Variante** Remplacez le poivre du Sichuan (très parfumé) par des baies roses. Assaisonnez alors les pavés de bar de mélange 5-baies au moulin.

# bar en papillote et champignons

Pour **4 personnes**
Préparation **20 minutes**
Cuisson **20 à 25 minutes**

4 **bars** de 350 g vidés, écaillés et parés
1 gros bouquet d'**aneth**
4 brins de **thym**
1 gros bouquet de **persil**
4 brins d'**estragon**
2 c. à c. de **coriandre en grains**
500 g de **champignons de Paris**
30 g de **beurre**
2 petites **échalotes**
**huile d'olive**
**sel** et **poivre du moulin**

**Rincez** les bars à l'eau claire et séchez-les avec du papier absorbant. Glissez quelques brins d'aneth et 1 brin de thym dans leur partie ventrale.

**Découpez** 8 longues feuilles de papier sulfurisé, superposez-les deux par deux, huilez au pinceau la feuille du dessus et disposez-y un lit d'herbes avec les tiges (gardez 18 brins de persil pour les champignons). Posez les bars dessus, ajoutez les grains de coriandre et un filet d'huile d'olive, puis fermez hermétiquement les papillotes. Posez-les sur la plaque du four et enfournez pour 20 à 25 minutes à four préchauffé à 180 °C.

**Pendant ce temps**, retirez le pied des champignons, pelez-les puis émincez-les. Faites chauffer le beurre et 1 cuillerée à soupe d'huile d'olive dans une sauteuse, et faites-y revenir les champignons à feu vif jusqu'à évaporation du liquide de végétation. Ajoutez les échalotes et le persil ciselés, et prolongez la cuisson 2 à 3 minutes à feu fort. Salez, poivrez et réservez pour servir en accompagnement des bars présentés sur des assiettes chaudes.

**Pour une sauce à la crème** à servir en accompagnement, versez 25 cl de crème fraîche dans une casserole, portez-la à frémissements puis ajoutez le jus de ½ citron, 10 cl de vin blanc sec et ½ bouquet d'aneth ciselé. Salez, poivrez, laissez frémir quelques minutes et servez chaud.

# papillote de bar aux légumes et à l'orange

Pour **4 personnes**
Préparation **20 minutes**
Cuisson **8 à 10 minutes**

1 **courgette**
2 **carottes nouvelles**
**gros sel**
2 **oranges** non traitées
4 **filets de bar**
**piment d'Espelette**
  en poudre
4 plumets de **feuilles**
  du cœur d'un **céleri**
  branche
**huile d'olive**
**fleur de sel** et **poivre**
  **du moulin**

**Lavez** la courgette et coupez-la en bâtonnets, pelez les carottes et émincez-les. Blanchissez les légumes 2 minutes dans une casserole d'eau bouillante salée, puis rafraîchissez-les à l'eau froide et égouttez-les sur une feuille de papier absorbant. Brossez 1 orange sous l'eau chaude et émincez-la en très fines rondelles. Pressez la moitié de l'autre orange.

**Préparez** les papillotes en superposant 2 larges feuilles de papier sulfurisé pour chacune. Répartissez les fines tranches d'orange au centre, ajoutez les légumes et le poisson rincé et séché. Poivrez, poudrez de 1 pincée de piment d'Espelette. Ajoutez 2 cuillerées à café de jus d'orange, un filet d'huile d'olive et une belle pincée de feuilles de céleri grossièrement hachées dans chaque papillote. Fermez-les hermétiquement et placez-les au réfrigérateur jusqu'au moment de les mettre à cuire.

**Préchauffez** le four à 180 °C. Posez les papillotes sur la plaque du four et enfournez pour 8 à 10 minutes environ.

**À la sortie du four**, ouvrez les papillotes sans vous brûler, salez les filets à la fleur de sel et servez sans attendre.

**Conseil** Doublez le papier sulfurisé pour éviter que l'eau rendue par le poisson ne le fragilise à la cuisson.

# papillote de bar aux deux coriandres et cheveux d'ange

Pour **4 personnes**
Préparation **15 minutes**
Cuisson **8 à 10 minutes**

1 **poivron rouge**
4 c. à s. de **cheveux d'ange**
4 beaux **filets de bar** avec la peau
**piment d'Espelette** en poudre
1 c. à c. de **coriandre en grains**
4 c. à c. de **coriandre fraîche** ciselée
4 cl de **bouillon de légumes**
**huile d'olive**
**sel** et **poivre du moulin**

**Lavez** le poivron, retirez le pédoncule, coupez-le en deux dans la hauteur, retirez les pépins puis émincez-le en très fines demi-rondelles.

**Étalez** 4 grandes feuilles de papier sulfurisé doublées sur le plan de travail, versez un filet d'huile d'olive au centre de chacune, posez-y les tranches de poivron puis les cheveux d'ange.

**Posez** les filets de bar sur la peau dans un plat, badigeonnez-les d'huile d'olive au pinceau, salez-les légèrement, poivrez-les et saupoudrez-les de 1 petite pincée de piment d'Espelette, puis roulez-les.

**Posez** les filets roulés au centre des papillotes, parsemez des deux coriandres, ajoutez 2 cuillerées à café de bouillon de légumes, un filet d'huile d'olive et fermez hermétiquement les papillotes.

**Posez** les papillotes sur une plaque de cuisson en métal et glissez-les au four préchauffé à 180 °C, pour 8 à 10 minutes. Les cheveux d'ange vont cuire dans le jus de cuisson rendu par le poisson. Servez à la sortie du four.

**Conseil** Doublez le papier sulfurisé pour éviter que l'eau rendue par le poisson ne le fragilise à la cuisson. La peau du poisson donne du goût et de la gélatine en cuisson, elle permet au poisson de rester bien moelleux.

# cabillaud au citron vert et baies roses

Pour **4 personnes**
Préparation **10 minutes**
Cuisson **3 minutes 30**

1 grosse **échalote**
4 **pavés de cabillaud** frais de 150 g chacun, avec ou sans la peau
4 brins d'**aneth**
1 c. à s. de **baies roses**
8 c. à c. de **jus de citron vert** + 1 **citron vert** non traité
8 brins de **cerfeuil**
**huile d'olive**
**fleur de sel aux épices**
**poivre du moulin**

**Pelez** l'échalote et ciselez-la.

**Placez** les pavés de cabillaud dans 4 papillotes individuelles en silicone. Poivrez-les, parsemez-les d'échalote ciselée et de brins d'aneth, ajoutez les baies roses, arrosez d'un mince filet d'huile d'olive et de 2 cuillerées à café de jus de citron vert. Fermez les papillotes.

**Faites cuire** au micro-ondes réglé à 650 W pendant 3 minutes 30. Prolongez la cuisson de quelques secondes si les pavés sont très épais.

**À la sortie du four**, salez les pavés à la fleur de sel aromatisée aux épices, décorez avec des pluches de cerfeuil, ajoutez quelques rondelles de citron vert et servez avec des riz mélangés.

**Conseils** Comme les papillotes d'aluminium ou de papier sulfurisé, les papillotes de silicone permettent une cuisson sans aucune déperdition d'humidité, il est donc inutile d'ajouter trop de liquide. De cette manière, vous pouvez aussi faire cuire vos filets de poisson congelés sans décongélation. Réglez alors la puissance à 550 W et cuisez 5 minutes 30.

# pavé de cabillaud aux deux raisins

Pour **4 personnes**
Préparation **15 minutes**
Cuisson **15 minutes**

1 petite grappe de **raisin**
80 g de **beurre** ramolli
4 **pavés de cabillaud**
  de 150 g chacun
mélange **5-baies** au moulin
40 g de **raisins blonds secs**
4 brins de **fleur de thym**
6 cl de **jus de raisin**
**fleur de sel**

**Préchauffez le four** à 180 °C. Lavez et égrappez le raisin. Pelez les grains si la peau est épaisse.

**Chemisez** 4 petits plats à gratin individuels de papier sulfurisé, en laissant largement dépasser les bords. Badigeonnez le fond de beurre ramolli au pinceau, disposez les pavés de cabillaud, assaisonnez-les de mélange 5-baies, ajoutez les grains de raisin et les raisins secs, émiettez la fleur de thym. Ajoutez 2 belles noisettes de beurre sur chaque pavé et 1 cuillerée à soupe de jus de raisin au fond de chaque papillote.

**Fermez** hermétiquement les papillotes et glissez les petits plats sur la grille au milieu du four, pour 15 minutes.

**Coupez** le dessus des papillotes à la sortie du four (sans vous brûler), salez les filets à la fleur de sel et servez sans attendre.

**Variante** Ajoutez 1 cuillerée à café de grains de coriandre.

**Conseil** Le plat en porcelaine ralentit la cuisson : à 180 °C, comptez 5 minutes de moins pour la cuisson d'une même papillote de papier sulfurisé simplement posée sur une plaque en métal.

# papillote de cabillaud, confiture de citron

Pour **4 personnes**
Préparation **20 minutes**
Cuisson **9 à 10 minutes**

100 g de **fèves** écossées, fraîches ou surgelées
**gros sel**
12 fines **asperges vertes**
1 **citron** non traité
4 **pavés épais de cabillaud**
mélange **5 baies** au moulin
80 g de **confiture de citron**
5 cl de **bouillon de légumes léger**
quelques brins de **persil plat**
**huile d'olive**
**fleur de sel**

**Blanchissez** les fèves 2 minutes dans de l'eau bouillante salée. Égouttez-les, rafraîchissez-les à l'eau glacée et dérobez-les de leur fine peau, puis réservez. Lavez les asperges, coupez la partie dure et fibreuse de la tige, pelez-les, coupez-les en deux dans la longueur, puis en tronçons. Blanchissez-les 2 minutes dans de l'eau bouillante salée, puis rafraîchissez-les dans une bassine d'eau glacée avant de les égoutter.

**Brossez** le citron sous l'eau chaude et émincez-le en très fines rondelles. Lavez et séchez les pavés de cabillaud, et badigeonnez-les d'huile au pinceau.

**Sur le plan de travail**, disposez 4 grandes feuilles de papier sulfurisé, posez-y les pavés de cabillaud, ajoutez les légumes blanchis et égouttés. Assaisonnez de mélange 5-baies. Ajoutez enfin 2 ou 3 lamelles de citron sur chaque pavé, nappez de confiture de citron et versez 2 cuillerées à café de bouillon de légumes au fond de chaque papillote.

**Ajoutez** un filet d'huile d'olive, fermez les papillotes en faisant plusieurs plis sur le dessus et en les liant avec de la ficelle de cuisine, posez-les sur la plaque du four et glissez au four préchauffé à 180 °C, pour 9 à 10 minutes.

**À la sortie du four**, posez les papillotes dans des coupelles, ouvrez-les en coupant les deux extrémités, repliez ou coupez l'excédent de papier. Salez à la fleur de sel, parsemez de persil ciselé et servez sans attendre.

# papillote de cabillaud aux fruits exotiques

Pour **4 personnes**
Préparation **15 minutes**
Cuisson **9 à 10 minutes**

2 petites **mangues mûres** ou 1 grosse
16 **litchis** frais
20 cl de **crème de coco** en brique
le jus de 1 **citron vert**
4 beaux **pavés de cabillaud** avec la peau
½ c. à c. de **coriandre en grains**
8 brins d'**aneth**
**huile d'olive**
**sel, fleur de sel**
et **poivre du moulin**

**Pelez** les mangues et découpez-les en tranches épaisses autour du noyau. Décortiquez les litchis et retirez les noyaux. Versez la crème de coco dans un bol et émulsionnez-la avec le jus du citron vert. Salez et poivrez.

**Préparez** les papillotes en superposant 2 larges feuilles de papier sulfurisé pour chacune. Disposez-les sur le plan de travail, badigeonnez-en le centre d'huile d'olive au pinceau, puis posez les pavés de cabillaud sur la peau. Badigeonnez-les d'huile d'olive, poivrez-les, ajoutez la coriandre, les tranches de mangue et les litchis et parsemez d'aneth ciselé. Nappez du mélange à la crème de coco puis fermez hermétiquement les papillotes.

**Posez-les** sur une plaque de cuisson et glissez-les au four préchauffé à 180 °C, pour 9 à 10 minutes.

**Ouvrez** les papillotes à la sortie du four, salez les pavés à la fleur de sel et servez sans attendre.

**Conseil** Doublez le papier sulfurisé pour éviter que l'eau rendue par le poisson ne le fragilise à la cuisson. La peau du cabillaud donne du goût et de la gélatine en cuisson, permettant au poisson de rester bien moelleux.

# papillote de cabillaud aux légumes

Pour **4 personnes**
Préparation **20 minutes**
Cuisson **25 minutes**

1 **échalote**
2 **courgettes**
1 petit **poivron rouge**
1 petit **poivron jaune**
1 c. à c. de **grains d'anis vert**
1 c. à c. de **cumin**
20 **olives vertes** dénoyautées
700 g de **dos de cabillaud** avec ou sans la peau
2 c. à s. de **persil plat frais** ciselé
2 c. à s. d'**aneth frais** ciselé
1 ½ **citron** non traité, lavé et coupé en rondelles
**huile d'olive**
**sel**, **fleur de sel** et **poivre du moulin**

**Pelez** l'échalote et ciselez-la. Lavez les courgettes et coupez-les en petits dés. Coupez les poivrons en quatre, épépinez-les et pelez-les (facultatif), puis coupez-les en petits dés.

**Dans une sauteuse**, faites suer l'échalote avec un filet d'huile d'olive, puis ajoutez les dés de poivron et faites-les revenir 5 minutes, puis ajoutez les dés de courgette et les grains d'anis vert. Mélangez et poursuivez la cuisson 5 minutes. Assaisonnez de sel, de poivre et de cumin, puis ajoutez les olives vertes grossièrement hachées.

**Rincez** le dos de cabillaud, séchez-le avec du papier absorbant et coupez-le en 4 pavés.

**Répartissez** les légumes au centre de 4 grandes feuilles de papier sulfurisé et posez les pavés de cabillaud dessus. Poivrez, ajoutez un filet d'huile d'olive, parsemez généreusement du mélange persil-aneth ciselés. Posez les rondelles de citron en écailles sur le poisson et fermez hermétiquement les papillotes en vous aidant de pinces à linge en bois ou de ficelle de cuisine.

**Posez** les papillotes sur une plaque et enfournez dans un four préchauffé à 180 °C, pour 9 à 10 minutes.

**À la sortie du four**, ouvrez les papillotes, arrosez d'un filet de jus de citron, salez les pavés à la fleur de sel, donnez un tour de poivre du moulin et servez sans attendre.

# papillote de cabillaud aux olives

Pour **4 personnes**
Préparation **15 minutes**
Cuisson **3 minutes 30**

20 **olives vertes** dénoyautées
4 **pavés de cabillaud** de 150 g
4 brins de **thym frais**
**blanc d'œuf** pour souder les plis des papillotes
**huile d'olive**
**fleur de sel** et **poivre du moulin**

**Rincez** les olives à l'eau claire, égouttez-les et hachez-les grossièrement.

**Étalez** 4 grandes feuilles de papier sulfurisé rectangulaires sur le plan de travail. Posez 1 pavé de cabillaud badigeonné au pinceau d'huile d'olive au milieu de la moitié inférieure de chacun des rectangles. Salez à la fleur de sel, poivrez, ajoutez les olives, le thym frais et un filet d'huile d'olive.

**Repliez** la partie libre de chaque feuille sur le poisson et ourlez les 4 bords autour du pavé. Afin de bien garder l'humidité dégagée par le poisson à l'intérieur de la papillote, il est important de l'y emprisonner hermétiquement. Ficelez, sans trop serrer, ou soudez les plis au blanc d'œuf.

**Posez** les papillotes sur un plat allant au micro-ondes et faites-les cuire 3 minutes 30 à 650 W. Prolongez la cuisson de 30 secondes si les pavés sont très épais.

**En fin de cuisson**, la papillote est gonflée ; ouvrez-la et servez à la sortie du four, avec un filet de beurre fondu.

**Variante** Ajoutez aux olives 1 filet d'anchois au sel rincé et finement haché, ou des tomates confites grossièrement hachées. Remplacez le poivre par du mélange 5-baies au moulin.

**Conseil** De cette manière, vous pouvez aussi faire cuire vos filets de poisson congelés sans décongélation. Réglez alors la puissance à 550 W et cuisez 5 minutes 30.

# papillote de chou aux crevettes

Pour **6 personnes**
Préparation **20 minutes**
Cuisson **12 minutes**
  + la cuisson du riz

90 g de **riz basmati**
**gros sel**
1 **citron** non traité
12 belles feuilles
  **de chou vert**
1 ½ **pomme**
1 ½ pot de **yaourt**
1 ½ c. à c. de **curry**
24 brins de **ciboulette**
180 g de **crevettes roses**
  décortiquées
**sel** et **poivre du moulin**

**Faites cuire** le riz 10 minutes dans une casserole d'eau bouillante salée, puis rincez-le à l'eau froide et égouttez-le.

**Pendant ce temps**, brossez le citron sous l'eau chaude et prélevez-en le zeste avec un zesteur, blanchissez-le 2 minutes dans une petite casserole d'eau bouillante puis égouttez-le. Prélevez le jus.

**Retirez** les grosses feuilles vertes et abîmées du chou puis prélevez 12 belles feuilles, lavez-les et blanchissez-les 3 minutes dans un faitout d'eau bouillante salée, sans les déchirer. Sortez-les délicatement avec une écumoire et rafraîchissez-les dans un grand saladier d'eau glacée. Coupez et éliminez la base blanche et dure de la grosse côte centrale, puis étalez les feuilles sur le plan de travail.

**Pelez** les pommes, râpez-les grossièrement en éliminant cœur et pépins, mettez-les dans un grand saladier et arrosez-les de jus de citron. Ajoutez le riz, le yaourt, le curry, un peu de zeste de citron et la ciboulette ciselée. Salez, poivrez et mélangez.

**Répartissez** ce mélange au riz au centre de chaque feuille de chou, ajoutez les crevettes et refermez les feuilles de chou autour de cette farce. Emballez chaque papillote de chou de manière hermétique dans un carré de papier sulfurisé ou dans du film alimentaire spécial cuisson, et faites cuire les papillotes 12 minutes à la vapeur douce (eau à légers frémissements).

# papillote de coquillages au citron vert et au thym

Pour **4 personnes**
Préparation **15 minutes**
Cuisson **5 minutes**

2 **citrons verts**
12 **moules**
12 **coques**
12 **palourdes**
8 **praires**
4 feuilles de **laurier** (facultatif)
12 brins de **thym citron**
**poivre du moulin**

**Brossez** 1 citron vert sous l'eau chaude et coupez-le en très fines rondelles. Pressez le second.

**Grattez** les moules, retirez les barbes et rincez-les à grande eau, ainsi que les autres coquillages.

**Pour préparer les papillotes**, découpez 8 feuilles de papier sulfurisé, superposez-les deux par deux et placez-les sur 4 grands bols. Égouttez bien les coquillages et répartissez-les au creux des bols. Ajoutez 3 rondelles de citron vert, 1 feuille de laurier et 3 brins de thym citron par bol. Ajoutez 1 cuillerée à café de jus de citron et poivrez généreusement.

**Refermez** les papillotes hermétiquement, en aumônière, sur les coquillages et liez-les avec de la ficelle de cuisine. Posez les papillotes dans le panier cuisson d'un cuit-vapeur, couvrez et faites-les cuire 5 minutes à la vapeur.

**Servez** de suite les papillotes encore fermées sur de jolies coupelles, pour que les convives apprécient le développement des parfums à l'ouverture.

**Conseils** Les coquillages doivent être très frais. Pour votre santé, ceux qui ne se seront pas ouverts à la chaleur devront être jetés. Pour plus de solidité des papillotes, utilisez 2 feuilles de papier sulfurisé superposées.

# papillote de colin à la vanille et au gingembre

Pour **4 personnes**
Préparation **15 minutes**
 + **30 minutes** d'infusion
Cuisson **9 à 10 minutes**

2 **gousses de vanille**
1 c. à s. bombée
 de **gingembre frais**
 finement râpé
2 **étoiles de badiane**
 (anis étoilé)
20 cl de **crème fraîche liquide**
4 **filets de colin**
le **jus** de 1 **citron vert**
**sel, fleur de sel** et **poivre du moulin**

**Fendez** les gousses de vanille en deux dans la longueur, grattez les graines à l'aide d'un petit couteau et mettez-les dans une casserole, avec les gousses. Ajoutez le gingembre finement râpé, les étoiles de badiane et la crème. Salez, poivrez généreusement, portez à frémissements puis retirez du feu, couvrez et laissez infuser 30 minutes.

**Préparez** les papillotes en superposant 2 larges feuilles de papier sulfurisé pour chacune, disposez-les sur le plan de travail et posez les filets de colin au centre. Poivrez-les, arrosez-les d'un filet de jus de citron vert. Nappez de crème aromatisée, ajoutez ½ gousse de vanille et ½ étoile de badiane dans chaque papillote, pour la présentation, puis fermez hermétiquement les papillotes, par pliage. Maintenez-les fermées avec des pinces à linge en bois ou de la ficelle de cuisine.

**Posez-les** sur une plaque de cuisson et glissez-les au four préchauffé à 180 °C, pour 9 à 10 minutes.

**Ouvrez** les papillotes à la sortie du four, saupoudrez les filets de fleur de sel et servez sans attendre, avec du riz ou des légumes verts de printemps cuits à la vapeur.

**Variante** Ajoutez 1 pincée de poudre de piment d'Espelette à la crème épicée.

# papillote de lieu jaune aux courgettes

Pour **4 personnes**
Préparation **15 minutes**
Cuisson **8 à 9 minutes**

3 petites **courgettes**
**gros sel**
3 **tomates**
4 **filets de lieu jaune**
  de 150 à 175 g chacun
mélange **5-baies** au moulin
4 feuilles de **laurier**
4 brins de **thym**
**huile d'olive**
**sel** et **poivre du moulin**

**Lavez** les courgettes, séchez-les et coupez-les en fines rondelles. Faites-les blanchir 2 minutes dans l'eau bouillante salée, puis rafraîchissez-les sous l'eau froide et égouttez-les. Lavez et coupez les tomates en tranches.

**Pour préparer les papillotes**, découpez 8 feuilles de papier sulfurisé et superposez-le deux par deux. Versez un filet d'huile d'olive au centre de la feuille du dessus, disposez-y 1 filet de lieu, assaisonnez de mélange 5-baies puis recouvrez de rondelles de tomate et de courgette. Salez, poivrez, ajoutez 1 feuille de laurier et 1 brin de thym. Arrosez d'un filet d'huile d'olive et pliez le papier en papillotes hermétiques.

**Placez-les** dans le panier d'un cuit-vapeur. Posez celui-ci sur une casserole adaptée, remplie d'eau bouillante aux deux tiers. Couvrez, baissez le feu pour obtenir un léger frémissement et faites cuire à la vapeur douce 8 à 9 minutes.

**Servez** dès la fin de la cuisson, directement dans les papillotes.

**Variante** Pour relever ce plat, ajoutez 1 pincée de poudre de piment d'Espelette sur les légumes.

# daurade en papillote

Pour **4 personnes**
Préparation **20 minutes**
Cuisson **10 minutes**

4 petites **daurades** vidées et écaillées
mélange **5-baies** au moulin
8 feuilles de **sauge**
2 **oignons roses de Roscoff**
2 belles **tomates**
12 cl de **vin blanc sec**
**huile d'olive**
**fleur de sel** et **poivre du moulin**

**Demandez** à votre poissonnier de lever les filets, en gardant la peau. Rincez les filets, séchez-les avec du papier absorbant et retirez les dernières arêtes avec une pince à épiler.

**Assaisonnez** à la fleur de sel et au mélange 5-baies côté chair et badigeonnez d'huile. Regroupez les filets deux par deux, en reconstituant les poissons, peau à l'extérieur, et en y glissant 2 feuilles de sauge.

**Pelez** les oignons, émincez-les en rondelles et faites-les colorer à feu vif dans une poêle, avec un filet d'huile d'olive.

**Lavez** les tomates, coupez-les en deux, épépinez-les puis recoupez chaque demi-tomate en 2 rondelles épaisses.

**Préparez** les papillotes en superposant 2 larges feuilles de papier sulfurisé pour chacune et disposez-les sur le plan de travail. Badigeonnez le centre de chaque papillote d'huile, posez 2 rondelles de tomate côte à côte, ajoutez les rondelles d'oignon. Salez et poivrez. Posez les daurades reconstituées par-dessus, arrosez d'un filet d'huile d'olive et de 2 cuillerées à soupe de vin blanc.

**Fermez** hermétiquement les papillotes en ourlant les bords, posez-les sur une plaque de cuisson en métal et glissez-les au four préchauffé à 180 °C, pour 10 minutes de cuisson. Servez les daurades à la sortie du four, avec leur jus de cuisson et un filet d'huile d'olive.

# papillote de gambas au poivre vert

Pour **6 personnes**
Préparation **20 minutes**
Cuisson **8 minutes**

2 **citrons verts** non traités
24 **gambas**
mélange **5-baies** au moulin
20 cl de **lait de coco** en brique
2 c. à c. de **poivre vert au vinaigre**
18 feuilles de **basilic**
**huile d'olive**
**fleur de sel**

**Brossez** 1 citron vert sous l'eau chaude, essuyez-le et émincez-le en rondelles extrêmement fines. Pressez le second citron vert.

**Décortiquez** les gambas ; fendez-les le long du dos et retirez le boyau noir puis rincez-les et épongez-les avec du papier absorbant.

**Mettez-les** dans un saladier, assaisonnez-les généreusement de mélange 5-baies, salez à la fleur de sel, versez le lait de coco, ajoutez le jus du second citron vert, le poivre vert égoutté et les feuilles de basilic, puis mélangez.

**Huilez** le centre de 6 papillotes de papier sulfurisé puis disposez-y les gambas et leur marinade, ajoutez les rondelles de citron vert et fermez hermétiquement les papillotes. Posez-les sur la plaque du four et faites cuire 8 minutes à four préchauffé à 180 °C. Servez à la sortie du four.

**Conseil** Doublez éventuellement le papier sulfurisé pour éviter que le jus de cuisson ne le fragilise.

# papillote de maquereau, pommes et gingembre

Pour **4 personnes**
Préparation **10 minutes**
Cuisson **15 à 20 minutes**

3 **pommes granny-smith**
le **jus** de 1 **citron**
40 g de **gingembre frais**
4 petits **maquereaux**
 très frais vidés
mélange **5-baies** au moulin
4 c. à s. d'**huile d'olive**
4 beaux brins d'**aneth**
**fleur de sel**

**Lavez** les pommes, coupez-les en lamelles puis en bâtonnets, en éliminant le cœur et les pépins.

**Mettez** les bâtonnets de pomme dans un saladier, arrosez-les de jus de citron et mélangez pour qu'ils ne s'oxydent pas. Pelez le gingembre et émincez-le le plus finement possible, puis mélangez-le avec les pommes.

**Disposez** un lit de pommes-gingembre dans chaque papillote en silicone, posez un maquereau entier par-dessus. Salez, assaisonnez généreusement de mélange 5-baies et arrosez de 1 cuillerée à soupe d'huile d'olive ; parsemez d'aneth ciselé et fermez les papillotes.

**Posez-les** sur la grille du four préchauffé à 200 °C et faites cuire 15 à 20 minutes selon la grosseur des maquereaux.

**Conseil** Vous pouvez bien sûr remplacer la papillote en silicone par une papillote en papier sulfurisé à poser sur la plaque du four.

# merlan, julienne de légumes, sauce rouille

Pour **4 personnes**
Préparation **15 minutes**
Cuisson **8 à 10 minutes**

1 **courgette** émincée en fine julienne
2 **carottes nouvelles** émincées en fine julienne
4 **oignons nouveaux** émincés en fine julienne
4 beaux **filets de merlan**, avec ou sans peau
4 brins de **thym citron**
1 petit bouquet de **ciboulette** ciselé
**huile d'olive**
**sel** et **poivre du moulin**

Sauce rouille
1 grande tranche de **pain de mie**
2 gousses d'**ail** dégermées
2 petits **piments rouges** émincés
1 **jaune d'œuf**
20 cl d'**huile d'olive**
2 c. à s. de **bouillon de poisson**
**sel**

**Mélangez** la courgette, les carottes et les oignons.

**Découpez** 8 feuilles de papier sulfurisé, superposez-les deux par deux et étalez-les sur le plan de travail. Versez un filet d'huile d'olive au centre, puis disposez-y la julienne de légumes. Salez et poivrez.

**Posez** les filets de merlan sur les légumes, peau vers le haut, ajoutez un filet d'huile d'olive, donnez un tour de moulin à poivre, ajoutez 1 brin de thym citron et fermez hermétiquement les papillotes. Placez-les dans le panier d'un cuit-vapeur et posez celui-ci sur une casserole adaptée remplie d'eau bouillante aux deux tiers. Couvrez et faites cuire 8 à 10 minutes à la vapeur douce (à petits frémissements).

**Ouvrez les papillotes**, parsemez les filets de merlan de ciboulette et servez avec une sauce rouille, aïoli ou hollandaise.

**Pour la sauce rouille**, retirez la croûte de la tranche de pain de mie et mettez-la à tremper dans un peu d'eau tiède. Pilez au mortier les gousses d'ail et les piments. Essorez la mie, ajoutez-la dans le mortier et pilez 2 minutes, puis ajoutez le jaune d'œuf et continuez de travailler le mélange en incorporant l'huile d'olive en filet. Délayez la sauce avec le bouillon de poisson. Rectifiez l'assaisonnement et réservez au frais.

# mulet en feuille de bananier

Pour **4 personnes**
Préparation **20 minutes**
Cuisson **9 à 10 minutes**

- 2 **citrons verts** non traités + 2 autres pour servir
- 2 **feuilles de bananier**
- 4 beaux **filets de mulet** avec la peau
- 1 c. à s. de **curcuma en poudre**
- 4 pincées de poudre de **piment d'Espelette**
- 4 **cives** émincées en julienne
- 1 **poivron rouge** épépiné et émincé en fine julienne
- 2 tiges de **citronnelle** débarrassées de leur écorce et émincées
- 20 g de **gingembre frais** pelé et émincé
- 4 belles tiges de **basilic** (thaï si possible)
- **huile d'olive**
- **sel** et **poivre du moulin**

**Brossez** les citrons verts sous l'eau chaude, essuyez-les bien puis émincez-les en rondelles.

**Lavez** les feuilles de bananier et coupez-les pour en faire 4 grandes papillotes. Étalez 4 feuilles de papier sulfurisé sur le plan de travail, doublez-les avec les feuilles de bananier puis badigeonnez-en le centre d'huile d'olive.

**Posez** (sur la peau) 1 filet de mulet paré et désarêté au centre de chaque papillote, salez, poivrez, saupoudrez de curcuma et de piment d'Espelette, puis recouvrez chaque filet du mélange cives-poivron-citronnelle-gingembre et de basilic ciselé. Arrosez d'un filet d'huile d'olive et ajoutez les rondelles de citron vert en écaille. Enveloppez les filets dans les feuilles de bananier et ficelez, puis emballez-les dans les feuilles de papier sulfurisé pour une protection hermétique.

**Posez** les papillotes sur la plaque du four et faites-les cuire 9 à 10 minutes au four préchauffé à 180 °C.

**À la sortie du four**, éliminez les feuilles de papier sulfurisé, retirez les ficelles et présentez les filets dans leur papillote de bananier. Sur la table, posez des quartiers de citron vert et un flacon d'une bonne huile d'olive, que chacun ajoutera dans sa papillote selon ses goûts.

**Variante** Ajoutez 2 cuillerées à soupe de lait de coco avant de fermer les papillotes.

**Conseil** Vous pouvez aussi réaliser ces papillotes dans du papier sulfurisé ou des papillotes de silicone.

# filet de rascasse à la sicilienne

Pour **4 personnes**
Préparation **20 minutes**
Cuisson **9 à 10 minutes**
 + **20 minutes** pour
 la sauce tomate

1 kg de petites **tomates**
2 brins de **thym frais**
1 feuille de **laurier**
1 **piment oiseau**
2 gousses d'**ail**
4 **filets de rascasse**
2 c. à s. d'**olives noires** dénoyautées
2 c. à c. de petites **câpres au vinaigre**
4 petits brins de **romarin**
**huile d'olive**
**sel** et **poivre du moulin**

**Lavez** les tomates, coupez-les en quatre et mixez-les.

**Faites chauffer** un filet d'huile d'olive dans une casserole à fond épais, ajoutez le thym, la feuille de laurier et le piment oiseau. Ajoutez l'ail dégermé et écrasé, et versez de suite les tomates mixées. Salez, poivrez et faites cuire 5 minutes à feu vif. Puis réduisez le feu et laissez mijoter jusqu'à ce que la sauce devienne onctueuse. Retirez le piment et les herbes en fin de cuisson, goûtez et rectifiez l'assaisonnement.

**Étalez** 4 larges feuilles de papier sulfurisé sur le plan de travail, posez les filets de rascasse au centre et salez-les. Mélangez les olives émincées et les câpres égouttées et rincées avec la sauce tomate, puis nappez-en les filets de rascasse. Ajoutez 1 brin de romarin dans chaque papillote, puis fermez-les hermétiquement par pliage. Maintenez les papillotes fermées avec des pinces à linge en bois ou de la ficelle de cuisine, posez-les sur une plaque de cuisson en métal et glissez-les au four préchauffé à 180 °C, pour 9 à 10 minutes de cuisson.

**Ouvrez** les papillotes à la sortie du four et servez sans attendre.

**Conseil** Préparez la sauce tomate à l'avance, en grande quantité, et congelez-la en petites portions.

# papillote de saint-jacques entrelardées aux raisins secs

Pour **6 personnes**
Préparation **25 minutes**
+ **1 nuit** de trempage
Cuisson **5 minutes**

60 g de **raisins blonds secs**
15 cl de **vin blanc moelleux**
30 **noix de Saint-Jacques** sans corail
mélange **5-baies** au moulin
1 bouquet d'**aneth** ciselé
2 fines **branches de céleri** coupées en tout petits cubes
15 fines tranches de **poitrine**
**huile d'olive**
**fleur de sel**

**La veille,** dans un bol, recouvrez les raisins secs de vin blanc, couvrez et laissez gonfler toute la nuit.

**Le jour même,** décoquillez les saint-jacques vivantes, rincez-les et séchez-les avec du papier absorbant. Mettez-les dans un saladier, assaisonnez-les de mélange 5-baies, ajoutez la moitié de l'aneth et un filet d'huile d'olive. Mélangez, couvrez le saladier et réservez au frais.

**Chemisez** le panier cuisson d'un cuit-vapeur d'une feuille de papier sulfurisé puis faites cuire les dés de céleri et les raisins égouttés, 5 minutes à la vapeur douce.

**Coupez** les tranches de lard en lamelles et faites-les dorer 2 minutes à la poêle, sans matières grasses, puis égouttez-les sur du papier absorbant. Entourez chaque noix de Saint-Jacques d'une lamelle de lard, en la maintenant avec une petite pique en bois.

**Étalez** 6 grandes feuilles de papier sulfurisé sur le plan de travail, disposez-y les noix de Saint-Jacques côte à côte, assaisonnez de mélange 5-baies, ajoutez les dés de céleri, les raisins, un filet d'huile d'olive et fermez hermétiquement les papillotes, en faisant plusieurs plis sur le dessus et en fixant bien les extrémités.

**Posez-les** sur une plaque de cuisson en métal et glissez-les au four bien préchauffé à 180 °C, pour 5 minutes maximum. Ouvrez les papillotes, salez à la fleur de sel, ajoutez le reste d'aneth et servez de suite.

# bouchée de saint-jacques en feuille de brick

Pour **4 personnes**
Préparation **20 minutes**
Cuisson **2 ou 3 minutes**

30 **noix de Saint-Jacques**
15 fines tranches de **poitrine**
1 petite **truffe** en conserve
100 g de **beurre demi-sel**
15 **feuilles de brick**
**poivre du moulin**

**Lavez** les noix de Saint-Jacques, séchez-les avec du papier absorbant. Coupez la poitrine en fines lanières. Émincez la truffe au rasoir. Enveloppez chaque noix d'une petite lanière de poitrine, en emprisonnant un éclat de truffe. Maintenez le tout avec une petite ficelle.

**Faites mousser** 30 g beurre dans une poêle et saisissez-y les coquilles à peine 1 minute, juste le temps de les faire colorer, puis posez-les sur une assiette froide.

**Coupez** les feuilles de brick en deux et badigeonnez-les de beurre fondu au pinceau. Posez 1 noix de Saint-Jacques au centre de chaque demi-feuille, retirez la petite ficelle, poivrez très légèrement, roulez la demi-feuille de brick autour de la noix et liez-la aux deux extrémités avec de la ficelle de cuisine, comme vous le feriez pour une grande papillote.

**Posez** les papillotes sur une plaque de cuisson antiadhésive et glissez-les pour à peine 1 à 2 minutes sous le gril.

**Retirez** les ficelles et servez chaud, à l'apéritif.

# papillote de saint-jacques aux agrumes

Pour **4 personnes**
Préparation **20 minutes**
Cuisson **5 minutes**

1 **orange** non traitée
1 **citron vert** non traité
60 g de **beurre demi-sel** ramolli
mélange **5-baies** au moulin
**piment d'Espelette en poudre**
15 cl de **gewurztraminer**
3 **clémentines**
2 c. à s. de **sucre en poudre**
1 **cive**
16 **noix de Saint-Jacques**
**huile d'olive**
**fleur de sel**

**Lavez** l'orange et le citron. Râpez la moitié des zestes au zesteur et un quart à la grille fine. Blanchissez les zestes prélevés en julienne 1 minute 2 fois de suite dans une petite casserole d'eau bouillante, rafraîchissez-les à l'eau froide, puis égouttez-les et réservez-les.

**Mettez** les zestes finement râpés dans un bol, ajoutez le beurre demi-sel, du mélange 5-baies, 1 pincée de poudre de piment d'Espelette et 1 cuillerée à soupe de vin blanc. Mélangez puis réservez au frais.

**Lavez** les clémentines et émincez-les en très fines rondelles. Posez les rondelles de clémentine à plat dans une poêle, saupoudrez-les de 4 petites pincées de piment d'Espelette et de sucre. Couvrez à peine de vin blanc (12 cl environ) et laissez caraméliser 4 à 5 minutes environ, à feu doux et sans coloration. Retournez les rondelles de clémentine à mi-cuisson.

**Posez** 4 feuilles de papier sulfurisé sur le plan de travail, badigeonnez-en le centre d'huile d'olive au pinceau. Répartissez les rondelles de clémentine caramélisées au centre des papillotes, parsemez de 1 pincée de cive émincée. Disposez les noix de Saint-Jacques rincées et séchées par-dessus, puis quelques zestes et 2 grosses noix de beurre aromatisé.

**Fermez** hermétiquement les papillotes, posez-les sur une plaque de cuisson en métal et glissez-les à peine 5 minutes au four préchauffé à 180 °C. Servez à la sortie du four.

# papillote de saint-jacques aux endives

Pour **4 personnes**
Préparation **20 minutes**
Cuisson **5 minutes**

le **zeste** et le le **jus**
  de 1 **orange à jus**
  non traitée
1 grosse **échalote** ciselée
30 g de **beurre**
1 pincée de **poivre mignonette**
  (poivre concassé)
5 **endives** émincées
  dans la longueur
2 **feuilles de bananier**
16 grosses **noix
  de Saint-Jacques**
  sans corail
**huile d'olive**
**sel** et **mélange 5-baies**
  au moulin

**Blanchissez** le zeste 1 minute 2 fois de suite dans une petite casserole d'eau bouillante, rafraîchissez à l'eau froide, puis égouttez-le et réservez-le.

**Faites suer** l'échalote dans une sauteuse, avec un filet d'huile d'olive, 15 g de beurre et le poivre mignonette. Ajoutez les endives et faites-les cuire 2 minutes à feu doux en mélangeant, puis salez, ajoutez le jus d'orange et poursuivez la cuisson, toujours à feu très doux, jusqu'à réduction de celui-ci.

**Lavez** les feuilles de bananier et coupez-les en 4 grands carrés. Pliez-les en cônes, en maintenant la base fermée avec une pique en bois. Posez-les sur 4 grands rectangles de papier sulfurisé.

**Rincez** les noix de Saint-Jacques et séchez-les. Faites mousser le reste du beurre dans une poêle et saisissez-y les noix 30 secondes de chaque côté, puis posez-les sur une assiette froide.

**Répartissez** la fondue d'endive dans les cônes de feuille de bananier, posez les saint-jacques dessus, ajoutez quelques zestes d'orange, assaisonnez de mélange 5-baies et fermez hermétiquement les papillotes de papier sulfurisé. Posez-les sur une plaque de cuisson en métal et glissez-les au four préchauffé à 180 °C pour 5 minutes à peine.

**À la sortie du four**, éliminez le papier sulfurisé. Posez les papillotes de feuille de bananier sur de jolies assiettes et dégustez.

# pavé de saumon en papillote aux légumes grillés

Pour **4 personnes**
Préparation **40 minutes**
Cuisson **8 à 10 minutes**

6 petites **pommes de terre nouvelles à chair ferme** (type rattes)
**gros sel**
1 **poivron rouge** coupé en cubes
2 petites **courgettes** coupées en cubes
1 **aubergine** coupée en cubes
200 g de **champignons de Paris**
1 grosse **échalote**
4 **pavés de saumon**
quelques brins d'**herbes aromatiques**
**huile d'olive**
**sel**, **fleur de sel** et **poivre du moulin**

**Faites cuire** les pommes de terre à l'eau bouillante salée. Refroidissez-les ensuite en faisant couler un filet d'eau froide dans la casserole pour remplacer doucement l'eau chaude. Égouttez-les puis coupez-les en quatre.

**Faites revenir** séparément le poivron, les courgettes puis l'aubergine à feu très doux, dans une sauteuse avec un filet d'huile d'olive, en remuant souvent (15 minutes environ pour chaque légume). Salez et poivrez en fin de cuisson.

**Retirez** le pied des champignons, pelez-les et coupez-les en lamelles. Pelez l'échalote, ciselez-la et faites-la suer dans une sauteuse avec 1 cuillerée à soupe d'huile, puis ajoutez les champignons et faites-les revenir à feu très doux, jusqu'à ce qu'ils commencent à dorer.

**Étalez** 4 grandes feuilles de papier sulfurisé sur le plan de travail, badigeonnez-en le centre d'huile d'olive au pinceau, disposez les pavés de saumon et recouvrez-les des différents légumes. Fermez hermétiquement les papillotes en ourlant les bords plusieurs fois, posez-les sur une plaque de cuisson en métal et glissez-les au four préchauffé à 180 °C, pour 8 à 10 minutes.

**À la sortie du four**, ouvrez les papillotes, dégagez les pavés de saumon, saupoudrez-les de fleur de sel, poivrez-les, ajoutez 1 pincée d'herbes ciselées et servez.

# saumon et salade de chou rouge à la scandinave

Pour **4 personnes**
Préparation **20 minutes**
Cuisson de **8 à 11 minutes**

20 cl de **crème fraîche liquide entière**
mélange **5-baies** au moulin
4 c. à c. de **jus de citron vert**
2 épaisses tranches de **filet de saumon frais** de 250 g chacune
1 bouquet de **ciboulette** ciselée
½ **chou rouge** émincé
**huile d'olive**
**blanc d'œuf** pour souder les plis des papillotes
**sel, fleur de sel**

**Préparez la sauce** : versez la crème dans un bol, salez, assaisonnez de mélange 5-baies, ajoutez le jus de citron et mélangez vivement au fouet jusqu'à obtention d'une sauce épaisse et onctueuse. Réservez au frais.

**Étalez** 2 grandes feuilles de papier sulfurisé rectangulaires sur le plan de travail. Posez 1 filet de saumon au milieu de la moitié inférieure de chacun des rectangles. Assaisonnez-les de mélange 5-baies, arrosez-les d'huile d'olive et repliez la partie libre de chaque feuille sur le poisson. Ourlez les 4 bords autour du pavé afin de bien garder l'humidité dégagée par le poisson à l'intérieur de la papillote. Ficelez sans trop serrer ou soudez les plis au blanc d'œuf.

**Posez** les papillotes sur une plaque de cuisson en métal et glissez-les au four préchauffé à 200 °C. Baissez la température à 180 °C et faites cuire 11 minutes pour garder les filets épais presque crus, mais chauds et fondants à cœur.

**Mélangez** la ciboulette avec la sauce et versez dans 4 coupelles.

**Ouvrez** les papillotes à la sortie du four, coupez les filets en deux dans la longueur et posez-les dans la sauce. Salez-les à la fleur de sel et donnez un tour de moulin de 5-baies. Ajoutez l'émincée de chou rouge, parsemez de 1 pincée de ciboulette et servez.

# papillote de saumon méditerranéenne

Pour **4 personnes**
Préparation **10 minutes**
Cuisson **8 à 9 minutes**

1 ½ jeune **concombre** long ou 3 petits concombres
600 g de **filet de saumon** coupé en quatre
4 **tomates cocktail**
½ **citron** non traité (facultatif)
4 brins de **romarin** frais
**huile d'olive** de bonne qualité
**fleur de sel** et **poivre du moulin**

**Lavez** le concombre et émincez-le à la mandoline en très fines lamelles. Disposez celles-ci en écailles de poisson dans 4 papillotes en silicone et poivrez-les.

**Posez** les morceaux de filet de saumon par-dessus. Poivrez, ajoutez 1 tomate cocktail coupée en quatre, 1 rondelle de citron, un filet d'huile d'olive et quelques brins de romarin.

**Fermez** les papillotes et posez-les sur la grille du four préchauffé à 180 °C, pour 8 à 9 minutes.

**À la sortie du four**, laissez reposer 1 minute puis ouvrez les papillotes, videz-les de leur jus de cuisson et faites-en glisser le contenu dans 4 assiettes chaudes. Salez à la fleur de sel, ajoutez un filet de très bonne huile d'olive et servez de suite.

**Variante** Remplacez les tomates cocktail par 4 pétales de tomate confite ou séchée conservée à l'huile. Remplacez le poivre par du mélange 5-baies au moulin et ajoutez quelques grains d'anis vert qui iront très bien avec le concombre. Choisissez un jeune concombre sans pépins et à la peau fine ; sinon, pelez-le à l'économe, coupez-le en deux dans la longueur, épépinez-le à l'aide d'une petite cuillère et poursuivez la réalisation de la recette comme ci-dessus.

# papillote de saumon, poireau et avocat

Pour **4 personnes**
Préparation **20 minutes**
Cuisson **8 à 9 minutes**

2 **avocats**
le **jus** de ½ **citron**
4 **poireaux**
4 **pavés de saumon épais**
**huile d'olive**
**sel** et **poivre du moulin**

**Pelez** les avocats, coupez-les en deux, retirez les noyaux et émincez-les en lamelles. Arrosez-les d'un filet de jus de citron pour qu'elles ne s'oxydent pas et réservez au réfrigérateur.

**Nettoyez** les poireaux, éliminez les premières feuilles abîmées, coupez la partie verte du haut. Fendez les poireaux en deux, lavez-les à l'eau froide puis séchez-les. Faites-les cuire dans un large faitout d'eau bouillante salée ou à la vapeur. Ensuite, rafraîchissez-les à l'eau glacée, égouttez-les sur un torchon propre puis coupez-les en deux dans la longueur.

**Posez** les feuilles de poireau à plat sur le plan de travail, en 4 groupes. Disposez la moitié des lamelles d'avocat au milieu, salez, poivrez puis posez les pavés de saumon dessus et poivrez-les. Ajoutez le reste des lamelles d'avocat puis enveloppez le tout dans les feuilles de poireau.

**Découpez** 8 feuilles de papier sulfurisé, superposez-les deux par deux et étalez-les sur le plan de travail. Posez les paquets au saumon au centre des 4 papillotes. Ajoutez un filet d'huile d'olive et fermez hermétiquement. Posez les paillotes dans le panier cuisson d'un cuit-vapeur et faites-les cuire 8 à 9 minutes à la vapeur douce.

**Conseil** Pour relever, assaisonnez les avocats de quelques pincées de piment d'Espelette en poudre.

# pavé de saumon en papillote croustillante au chou vert

Pour **4 personnes**
Préparation **20 minutes**
Cuisson **45 minutes**

1 petit **chou vert**
**gros sel**
1 **carotte** coupée
  en tout petits dés
1 **oignon** coupé
  en tout petits dés
2 petites **branches de céleri**
  coupées en tout petits dés
1 petit **poireau** coupé
  en tout petits dés
2 **baies de genièvre**
30 cl de **bouillon de volaille**
4 **pavés de saumon épais**
4 grandes **feuilles de brick**
40 g de **beurre** ramolli
**huile d'olive**
**sel** et **poivre du moulin**

**Effeuillez** et lavez le chou. Coupez la partie blanche et dure à la base de la côte de chaque feuille. Plongez les feuilles pour 2 minutes dans un grand faitout d'eau bouillante salée, puis égouttez-les et émincez-les.

**Faites suer** la carotte, l'oignon, le céleri et le poireau 3 minutes dans une cocotte, avec 2 cuillerées à soupe d'huile d'olive, puis ajoutez le chou et poursuivez la cuisson à feu doux 2 minutes, en remuant. Ajoutez les baies de genièvre, versez le bouillon de volaille et poivrez. Couvrez et laissez cuire 30 minutes à feu doux, en remuant de temps en temps.

**Séchez** les pavés de saumon avec du papier absorbant. Étalez les feuilles de brick sur le plan de travail et badigeonnez-les de beurre au pinceau. Poivrez le centre de chaque feuille de brick et posez les pavés de saumon. Prélevez une belle portion de fondue de chou avec une écumoire, égouttez-la bien en pressant avec la main et posez-la sur chaque pavé de saumon, puis repliez les bords des feuilles de brick comme vous le feriez pour emballer un cadeau. Retournez les papillotes et posez-les, partie pliée en dessous, sur une plaque de cuisson antiadhésive. De cette manière le saumon se retrouve posé sur son lit de chou.

**Glissez** la plaque au four préchauffé à 200 °C. Baissez la température à 180 °C et faites cuire 9 à 10 minutes. Servez à la sortie du four.

# papillote de roulés de sole et endives au cumin

Pour **4 personnes**
Préparation **20 minutes**
Cuisson **10 minutes**

5 **endives**
30 g de **beurre**
1 c. à s. d'**huile d'olive**
le **jus** de ½ **citron**
1 c. à c. de **sucre semoule**
8 **filets de soles portion**
  (soit 2 belles soles)
2 petits **oignons nouveaux**
1 c. à c. de **graines de cumin**
1 c. à c. de **baies roses**
1 petit bouquet de **ciboulette**
**sel** et **poivre du moulin**

**Retirez** les premières feuilles abîmées des endives, coupez la base puis détaillez-les en bâtonnets.

**Faites chauffer** le beurre et l'huile d'olive dans une sauteuse, déposez les endives et faites-les sauter 3 minutes, en ajoutant le jus de citron, le sucre, du sel et du poivre, puis retirez du feu.

**Rincez** les filets de sole, séchez-les avec du papier absorbant, poivrez-les et roulez-les, en terminant par la queue et en les maintenant avec une petite pique en bois.

**Préparez** les papillotes en découpant 8 feuilles de papier sulfurisé et en les superposant deux par deux. Étalez-les sur le plan de travail. Disposez un petit tas de fondue d'endive au centre de chaque papillote, posez les roulades de sole par-dessus, ajoutez les oignons nouveaux émincés, saupoudrez de cumin et de baies roses, et refermez les papillotes en aumônière, en les liant avec de la ficelle de cuisine.

**Placez-les** dans le panier d'un cuit-vapeur, posez le panier sur une casserole adaptée remplie d'eau bouillante aux deux tiers. Baissez le feu pour maintenir de petits frémissements, couvrez et faites cuire 5 à 7 minutes à la vapeur douce.

**Pour servir**, ouvrez les papillotes, ajoutez la ciboulette ciselée et présentez dans de jolies coupelles.

# papillote de truite de mer aux pousses d'épinard

Pour **4 personnes**
Préparation **20 minutes**
Cuisson **8 à 10 minutes**

1 petite botte de **cresson**
1 grosse **échalote**
20 g de **beurre**
20 cl de **crème liquide**
200 g de **jeunes pousses d'épinard**
4 filets de **truite de mer**
40 g de **graines germées**
**huile d'olive**
**sel**, **fleur de sel**
   et **poivre du moulin**

**Triez**, lavez et séchez le cresson. Séparez les grosses tiges des feuilles. Pelez l'échalote, ciselez-la et faites-la suer dans une grande casserole, avec le beurre, puis ajoutez les feuilles de cresson et faites-les fondre à feu moyen, jusqu'à ce qu'elles se soient affaissées. Salez, poivrez puis versez la crème fraîche liquide, portez à ébullition et retirez du feu. Mixez cette sauce et réservez-la.

**Rincez** les pousses d'épinard et séchez-les.

**Étalez** 4 grandes feuilles de papier sulfurisé sur le plan de travail, badigeonnez-en le centre d'huile d'olive au pinceau et répartissez-y les jeunes feuilles d'épinard. Posez les filets de poisson par-dessus, salez, poivrez, ajoutez 2 cuillerées à soupe de sauce dans chaque papillote et fermez-les hermétiquement, en ourlant les bords plusieurs fois. Posez les papillotes sur une plaque de cuisson en métal et glissez-les au four préchauffé à 180 °C, pour 8 à 10 minutes selon l'épaisseur des filets.

**À la sortie du four**, ouvrez les papillotes, présentez les filets de poisson sur leur lit d'épinard, salez à la fleur de sel, donnez un tour de moulin à poivre, ajoutez un peu de sauce crème-cresson bien chaude et quelques graines germées crues. Servez de suite.

# papillote de lotte à la citronnelle

Pour **6 personnes**
Préparation **20 minutes**
 + **30 minutes** de marinade
Cuisson **12 minutes**

2 **citrons verts**
2 gousses d'**ail** écrasées
60 g de **gingembre frais** râpé
3 tiges de **citronnelle** ciselées
1 ½ c. à c. de **sucre roux**
6 c. à s. d'**huile de sésame**
3 c. à s. de **sauce soja**
900 g de **filets de lotte**
3 **feuilles de bananier**

**Brossez** 1 citron vert sous l'eau chaude et râpez-en le zeste à la grille fine. Prélevez-en le jus, ainsi que celui de la moitié du second citron vert. Mettez le zeste de citron vert dans un mortier, avec l'ail, le gingembre, la citronnelle et le sucre. Écrasez le tout au pilon puis incorporez progressivement le jus de citron, l'huile de sésame et la sauce soja. Nettoyez les filets de lotte, retirez la peau et coupez-les en gros cubes. Mettez-les dans un plat, ajoutez la marinade, mélangez bien, couvrez de film alimentaire et réservez 30 minutes au frais.

**Lavez** les feuilles de bananier et coupez-les pour en faire 6 grandes papillotes. Étalez 6 feuilles de papier sulfurisé sur le plan de travail et doublez-les avec les feuilles de bananier. Déposez-y les morceaux de lotte légèrement égouttés. Fermez les feuilles de bananier à l'aide de piques à cocktail en bois et emballez-les dans les feuilles de papier sulfurisé pour une protection hermétique.

**Posez** les papillotes sur une plaque de cuisson en métal, glissez-la au four préchauffé à 180 °C et faites cuire 12 minutes.

**À la sortie du four**, laissez reposer 2 minutes puis retirez les feuilles de papier sulfurisé, ouvrez les papillotes en feuilles de bananier par le dessus, laissez s'échapper un peu de jus de cuisson, nappez le poisson du reste de marinade et présentez-le dans sa papillote en feuille de bananier.

# papillote de rouget aux épinards

Pour **4 personnes**
Préparation **15 minutes**
Cuisson **3 minutes 30**

8 **filets de rouget** frais
 ou surgelés (inutile
 de les faire décongeler)
1 **citron** non traité
200 g de **pousses d'épinard**
2 **oignons nouveaux**
 émincés
4 pincées de **curry
 en poudre**
2 c. à c. de **baies roses**
3 c. à s. de **farine**
18 brins de **ciboulette** ciselés
**huile d'olive**
**sel** et **poivre du moulin**

**Salez et poivrez** les filets de rouget. Brossez le citron sous l'eau chaude puis prélevez-en le zeste au zesteur. Rincez les feuilles d'épinard et égouttez-les.

**Disposez** 4 grandes feuilles de papier sulfurisé rectangulaires à plat sur le plan de travail, pliez-les en deux pour en marquer la médiane puis répartissez les épinards au milieu de la partie basse de chaque feuille. Ajoutez les oignons nouveaux, le zeste de citron et 1 pincée de curry. Salez et poivrez. Posez les filets de rouget côte à côte par-dessus, ajoutez les baies roses et un filet d'huile d'olive.

**Mélangez** la farine et un peu d'eau dans un petit bol, de manière à obtenir une pâte fluide ; badigeonnez-en au pinceau les 4 bords des papillotes, rabattez la partie libre de papier sur les ingrédients et collez les bords. Ourlez chaque bord 2 ou 3 fois et badigeonnez à nouveau de mélange à la farine pour maintenir les papillotes très hermétiquement fermées.

**Posez** les papillotes sur un plat allant au micro-ondes et faites cuire 3 minutes 30 à puissance maximale.

**Servez** à la sortie du four. Ajoutez un filet d'huile d'olive ou de jus de citron et parsemez chaque portion de ciboulette. Ajoutez un filet de crème liquide si vous le souhaitez.

# filets de rouget en papillote de laitue

Pour **4 personnes**
Préparation **15 minutes**
Cuisson **20 minutes**

4 **branches de céleri** coupées en tout petits dés
1 gousse d'**ail** écrasée
2 c. à s. de **pastis**
1 petit bouquet de **ciboulette** ciselé
1 petit bouquet de **persil plat** ciselé
12 **feuilles de laitue**
4 beaux **rougets** vidés, écaillés et levés en filets
**huile d'olive**
**sel** et **poivre du moulin**

**Chauffez** 1 cuillerée à soupe d'huile d'olive dans une sauteuse, ajoutez les dés de céleri, salez, poivrez et faites suer 5 minutes à feu doux, en remuant. Ajoutez l'ail, mélangez, versez le pastis et poursuivez la cuisson 5 minutes. Hors du feu, incorporez les herbes ciselées.

**Rincez** 8 belles feuilles de laitue, séchez-les et coupez la grosse côte blanche et dure. Étalez-les deux par deux sur le plan de travail. Posez dessus 1 filet de rouget, côté peau vers le bas. Recouvrez le filet de préparation au céleri puis remettez 1 filet de rouget par-dessus, côté peau vers le haut. Arrosez d'un filet d'huile d'olive, poivrez et repliez les feuilles de laitue de manière à enfermer les filets à l'intérieur. Posez-les au centre de 4 papillotes en papier sulfurisé, refermez-les hermétiquement et faites-les cuire 8 à 10 minutes à la vapeur douce.

**Ouvrez** les papillotes, jetez le papier sulfurisé et présentez les filets de rouget dans une grande feuille de laitue fraîche.

**Variante** Remplacez le céleri par du fenouil, qui s'accorde parfaitement avec le pastis, et le persil par de la coriandre ou de l'aneth.

**Conseils** Posez le panier-vapeur sur le faitout lui correspondant rempli d'eau bouillante aux deux tiers, puis baissez le feu pour une cuisson vapeur douce à légers frémissements. Pour plus de solidité des papillotes, utilisez 2 feuilles de papier sulfurisé superposées.

# papillote de rouget aux légumes et aux olives

Pour **4 personnes**
Préparation **20 minutes**
Cuisson **10 minutes**

200 g de **haricots verts**
**gros sel**
1 petit **poivron rouge**
  épépiné et coupé
  en tout petits dés
1 petit **poivron jaune**
  épépiné et coupé
  en tout petits dés
2 petites **courgettes**
  ou 1 moyenne, coupées
  en tout petits dés
2 c. à c. d'**anis vert
en grains**
8 **filets de rouget** avec
  la peau, frais ou surgelés
4 pincées de **piment
d'Espelette en poudre**
3 c. à s. de petites **olives
noires de Nice** ou
**picholines** hachées
+ 12 olives entières
**huile d'olive**
**sel** et **poivre du moulin**

**Équeutez** et effilez les haricots verts, coupez-les en petits tronçons et plongez-les dans un saladier d'eau glacée. Puis blanchissez-les dans une grande quantité d'eau bouillante salée, 5 minutes à partir de la reprise de l'ébullition, sans couvrir. Rafraîchissez-les à l'eau glacée, égouttez-les et réservez-les.

**Chauffez** un filet d'huile d'olive dans une sauteuse, mettez-y les poivrons puis les courgettes, salez, poivrez, ajoutez 1 cuillerée à café d'anis vert et faites légèrement revenir 5 minutes, à feu moyen, en remuant souvent.

**Ajoutez** les haricots verts en fin de cuisson, mélangez puis répartissez les légumes au milieu des papillotes. Ajoutez les filets de rouget par-dessus, peau vers le haut. Salez, poivrez et saupoudrez de 1 pincée de piment d'Espelette. Ajoutez les olives hachées et entières, parsemez de l'anis vert restant, versez un filet d'huile d'olive et fermez hermétiquement les papillotes. Maintenez-les fermées avec des pinces à linge en bois ou de la ficelle de cuisine.

**Posez** les papillotes sur la plaque du four et enfournez pour 10 minutes à four préchauffé à 180 °C. Servez à la sortie du four.

**Variante** Mélangez les légumes avec quelques tomates cerises coupées en quatre, au moment de les mettre dans les papillotes.

# papillote de rouget à l'orge et aux tomates en feuille de bananier

Pour **4 personnes**
Préparation **20 minutes**
Cuisson **10 minutes**
  + la cuisson de l'orge

300 g d'**orge perlé**
2 ou 4 **feuilles de bananier**
  (selon leur taille)
8 **pimientos del piquillo**
  conservés à l'huile
  en bocal
1 petit **citron confit** taillé
  en tout petits dés
  (l'écorce uniquement)
12 petits **filets de rouget**
  frais ou surgelés
8 **tomates cocktail**
  coupées en quatre
4 pincées d'**herbes
  de Provence**
le **jus** de 2 **citrons**
**huile d'olive**
**sel** et **poivre du moulin**

**Faites cuire** l'orge à la vapeur ou dans un *rice cooker*.

**Lavez** les feuilles de bananier et coupez-les pour en faire 4 grandes papillotes. Étalez 4 feuilles de papier sulfurisé sur le plan de travail, doublez-les avec les feuilles de bananier puis badigeonnez-en le centre d'huile d'olive au pinceau.

**Disposez** 2 pimientos del piquillo au centre de chaque papillote, répartissez l'orge cuite en petits tas par-dessus, salez et poivrez légèrement. Parsemez l'orge de petits dés de citron confit puis ajoutez les filets de rouget et les tomates cocktail. Salez et poivrez, saupoudrez d'herbes de Provence et arrosez d'un filet d'huile d'olive.

**Fermez** les feuilles de bananier à l'aide de piques à cocktail en bois et emballez-les dans les feuilles de papier sulfurisé pour une protection hermétique.

**Posez** les papillotes sur la plaque du four, enfournez et faites-les cuire 10 minutes à four préchauffé à 180 °C.

**À la sortie du four**, éliminez les feuilles de papier sulfurisé et servez les papillotes de bananier en laissant aux convives le plaisir de les ouvrir et d'ajouter un filet de jus de citron au moment de déguster.

# papillote de poisson au citron, olives et légumes

Pour **4 personnes**
Préparation **20 minutes**
 + **1 heure** de marinade
Cuisson **8 à 10 minutes**

12 **olives vertes**
 + 12 **olives noires**, dénoyautées et concassées
le **jus** de ½ **citron**
 + ½ **citron** émincé en lamelles
6 c. à s. bombées de **boulgour**
4 **pommes de terre à chair ferme**
4 **pavés de poisson blanc** ou **de saumon**
1 petit **citron confit** taillé en tout petits dés (l'écorce uniquement)
1 **piment rouge doux** émincé
**filaments de safran**
1 bouquet de **coriandre fraîche** ciselé
**huile d'olive**
**sel** et **poivre du moulin**

**Mettez** les olives dans un bol et arrosez-les du jus de citron. Couvrez et laissez mariner 1 heure.

**Versez** le boulgour dans un autre bol, ajoutez 15 cl d'eau bouillante salée, 1 ½ cuillerée à soupe d'huile d'olive, mélangez, couvrez et laissez gonfler.

**Faites cuire** les pommes de terre à la vapeur, jusqu'à ce qu'elles soient à peine tendres. Retirez-les du panier-vapeur et laissez-les tiédir avant de les peler et de les émincer en rondelles.

**Étalez** 4 grandes feuilles de papier sulfurisé sur le plan de travail, badigeonnez-les d'huile d'olive au pinceau, répartissez les lamelles de pomme de terre au centre de chacune puis posez les pavés de poisson rincés et séchés. Ajoutez par-dessus le boulgour gonflé, les dés de citron confit, le piment et les olives citronnées. Ajoutez quelques pistils de safran, salez, poivrez, parsemez de la moitié de la coriandre. Ajoutez les fines rondelles de citron et arrosez d'un filet d'huile d'olive.

**Fermez** les papillotes en faisant plusieurs plis sur le dessus et en liant les deux extrémités avec de la ficelle de cuisine, posez-les sur une plaque de cuisson en métal et glissez-les au four préchauffé à 180 °C, pour 8 à 10 minutes. Parsemez le reste de coriandre au moment de servir.

# papillote aux deux poissons et légumes

Pour **4 personnes**
Préparation **20 minutes**
Cuisson **10 minutes**

2 **courgettes**
2 grosses **carottes**
2 bulbes de **fenouil**
**gros sel**
1 gros bouquet de **persil**
2 **oignons roses de Roscoff**
1 c. à c. d'**herbes de Provence séchées**
4 petits **pavés de saumon**
4 petits **pavés de poisson blanc**
**huile d'olive**
**sel** et **poivre du moulin**

**Lavez** les courgettes, pelez les carottes, nettoyez les fenouils, puis émincez-les en lamelles. Blanchissez-les 3 minutes dans une grande casserole d'eau bouillante salée, puis rafraîchissez-les dans un bac d'eau glacée et égouttez-les bien. Lavez le persil, séchez-le, effeuillez-le et ciselez-le.

**Pelez** les oignons et émincez-les. Chauffez un filet d'huile dans une sauteuse et faites-y suer les oignons 5 minutes environ, jusqu'à ce qu'ils deviennent translucides, puis ajoutez les autres légumes, salez, poivrez, saupoudrez d'herbes de Provence et faites revenir à feu doux, à moitié couvert, pendant 10 minutes environ.

**Posez** 4 grandes feuilles de papier sulfurisé sur le plan de travail, répartissez-y les légumes ; posez les pavés de poissons côte à côte, par-dessus. Salez, poivrez, parsemez de la moitié du persil ciselé et ajoutez un filet d'huile d'olive.

**Fermez** les papillotes en faisant plusieurs plis sur le dessus et en liant les deux extrémités avec de la ficelle de cuisine, posez-les sur une plaque de cuisson en métal et glissez-les au four préchauffé à 180 °C, pour 10 minutes.

**Parsemez** le reste de persil ciselé au moment de servir, à la sortie du four.

# filet de poisson à l'aneth et aux tomates

Pour **4 personnes**
Préparation **15 minutes**
Cuisson **9 à 10 minutes**

2 petites **échalotes**
1 bouquet d'**aneth**
80 g de **beurre demi-sel**
4 c. à c. de **vin blanc sec**
4 beaux **filets épais de poisson blanc** (**cabillaud**, **lieu**, **flétan**…)
8 **tomates olivettes**
**poivre du moulin**

**Pelez** les échalotes et hachez-les finement. Lavez les brins d'aneth, séchez-les et ciselez-les. Mettez-les dans un bol, ajoutez le beurre demi-sel, le vin blanc et du poivre, mélangez à la fourchette puis placez le bol au réfrigérateur.

**Lavez** les filets de poisson et séchez-les avec du papier absorbant. Disposez-les au centre de 4 feuilles de papier sulfurisé ou au creux de 4 papillotes individuelles en silicone.

**Lavez** les tomates, coupez-les en quatre, pressez légèrement les quartiers pour les vider de leur jus et de leurs pépins, et ajoutez-les sur les filets de poisson. Ajoutez 2 cuillerées à café de beurre d'aneth, puis fermez hermétiquement les papillotes.

**Posez** les papillotes de papier sulfurisé sur une plaque de cuisson en métal ou les papillotes de silicone sur la grille du four, et faites cuire 9 à 10 minutes à four préchauffé à 180 °C.

**Servez** à la sortie du four, avec des pommes de terre vapeur.

**Variante** Remplacez l'aneth frais par 2 cuillerées à café d'aneth séché et le vin blanc par 2 cuillerées à café de pastis.

# brochettes de poissons aux légumes

Pour **4 personnes**
Préparation **20 minutes**
Cuisson **15 minutes**

1 petit bouquet
  de **persil plat** ciselé
4 brins de **menthe fraîche**
  ciselés
2 brins d'**estragon** ciselés
4 brins de **thym citron frais**
  effeuillés
300 g de **filets de saumon**
300 g de **filets épais**
  **de poisson blanc**
**mélange 5-baies** au moulin
1 **courgette**
1 petite **aubergine**
1 **poivron rouge** épépiné
**huile d'olive**
**sel** et **poivre du moulin**

**Mélangez** les herbes dans un bol.

**Rincez** les filets de poissons, séchez-les avec du papier absorbant et coupez-les en gros cubes. Mettez-les dans un plat à gratin, saupoudrez-les d'herbes, salez, assaisonnez de mélange 5-baies, arrosez d'un filet d'huile d'olive, couvrez le plat de film alimentaire et placez au réfrigérateur.

**Lavez** la courgette et l'aubergine, coupez-les en lamelles de 1 cm d'épaisseur puis en morceaux de la taille des cubes de poisson. Faites de même avec le poivron.

**Faites revenir** la courgette et l'aubergine à la poêle, avec un filet d'huile d'olive, 5 minutes à feu moyen, en les retournant à mi-cuisson. Salez, poivrez et laissez tiédir.

**Enfilez** les dés de poisson et les légumes intercalés sur des brochettes.

**Coupez** 4 grandes feuilles de papier d'aluminium, doublez-les de 4 feuilles de papier sulfurisé, étalez-les sur le plan de travail et disposez 1 ou 2 brochettes dans chaque papillote. Fermez hermétiquement les papillotes, posez-les sur une plaque de cuisson, enfournez et faites cuire 9 à 10 minutes à four préchauffé à 180 °C.

**Ouvrez** les papillotes à la sortie du four et servez les brochettes avec du riz au curry, du quinoa ou du couscous.

# papillote de poisson au fromage frais

Pour **4 personnes**
Préparation **15 minutes**
Cuisson **9 à 10 minutes**

2 **carottes**
1 **courgette**
**gros sel**
4 beaux **filets épais de poisson blanc** (**cabillaud, lieu, flétan, julienne**…)
4 portions de **fromage frais à l'ail et aux fines herbes** (type Boursin, Tartare…)
1 petit bouquet de **persil plat**
**huile d'olive**
**sel** et **poivre du moulin**

**Pelez** les carottes, lavez la courgette, émincez-les en tagliatelles à l'aide d'un économe et blanchissez-les 2 minutes à l'eau bouillante salée, puis rafraîchissez-les à l'eau glacée et égouttez-les.

**Lavez** les filets de poisson et séchez-les avec du papier absorbant.

**Posez** 4 grandes feuilles de papier sulfurisé sur le plan de travail, badigeonnez-en le centre d'huile d'olive, posez 1 filet de poisson sur chacune et ajoutez les tagliatelles de légumes autour. Salez, poivrez, ajoutez le fromage frais, quelques brins de persil et un filet d'huile d'olive.

**Fermez** les papillotes en faisant plusieurs plis sur le dessus et en liant les deux extrémités avec de la ficelle de cuisine ou du raphia, posez-les sur une plaque de cuisson en métal et glissez-les au four préchauffé à 180 °C, pour 9 à 10 minutes de cuisson.

**Servez** à la sortie du four, en ajoutant quelques brins de persil frais ou de cerfeuil dans chaque papillote.

# volailles

# blanc de volaille farci aux champignons

Pour **4 personnes**
Préparation **15 minutes**
Cuisson **12 minutes**

500 g de **champignons de Paris**
20 g de **beurre**
1 grosse **échalote**
4 **filets de poulet fermier** de 140 à 150 g chacun
12 feuilles de **sauge fraîche**
4 brins de **thym frais**
**huile d'olive**
**sel** et **poivre du moulin**

**Coupez** la partie dure et terreuse du pied des champignons, pelez-les et émincez-les. Faites chauffer le beurre et 1 cuillerée à soupe d'huile d'olive dans une sauteuse, et faites-y revenir les champignons à feu vif, jusqu'à évaporation du jus de végétation. Puis ajoutez l'échalote ciselée et prolongez la cuisson 2 à 3 minutes, à feu fort. Salez et poivrez en fin de cuisson.

**Taillez** les filets de poulet en portefeuille, en les incisant sur le côté. Salez et poivrez l'intérieur des poches, glissez-y 1 feuille de sauge puis remplissez-les de champignons.

**Étalez** 4 grandes feuilles de papier sulfurisé sur le plan de travail, posez 1 blanc de poulet au centre de chacune, ajoutez un filet d'huile d'olive. Salez, poivrez et saupoudrez de thym frais émietté entre les mains. Ajoutez 2 feuilles de sauge dans chaque papillote et fermez-les hermétiquement, en paquets cadeaux.

**Posez** les papillotes sur une plaque de cuisson en métal et glissez-les au four préchauffé à 180 °C, pour 12 minutes.

# papillote de pintade au beurre de miel et raisins

Pour **4 personnes**
Préparation **10 minutes**
Cuisson **12 minutes**

2 petites **échalotes**
30 g de **beurre**
4 c. à c. de **miel**
3 c. à s. de **raisins secs**
le **jus** de 1 grosse **orange à jus**
4 **filets de pintade**
8 feuilles de **sauge**
**sel** et **poivre du moulin**

**Pelez** les échalotes et ciselez-les. Faites-les suer dans une petite casserole, avec le beurre, puis salez, poivrez, ajoutez le miel, les raisins et le jus d'orange. Laissez frémir 1 minute puis retirez du feu.

**Découpez** 8 feuilles de papier sulfurisé, superposez-les deux par deux et étalez-les sur le plan de travail. Posez 1 filet de pintade au centre de chaque feuille. Salez, poivrez, ajoutez les raisins et arrosez de sauce miel-échalote. Disposez 2 feuilles de sauge dans chaque papillote et fermez-les hermétiquement, en paquets cadeaux. Posez-les sur une plaque de cuisson en métal et glissez au four préchauffé à 180 °C, pour 12 minutes.

**Servez** avec du couscous ou du boulgour.

# papillote à la basquaise

Pour **4 personnes**
Préparation **20 minutes**
Cuisson **12 minutes**

2 petites **courgettes**
1 **poivron rouge**
2 petites **tomates**
1 **oignon rose de Roscoff** moyen
2 petites gousses d'**ail**
2 tranches fines de **jambon de Bayonne**
2 **blancs de dinde**
**huile d'olive**
**sel** et **poivre du moulin**

**Lavez** les légumes. Coupez les courgettes en bâtonnets et faites-les précuire 5 minutes à la vapeur, puis réservez-les. Émincez le poivron en très fines lamelles à l'aide d'une mandoline, éliminez les pépins. Coupez les tomates en fins quartiers, pelez et hachez l'oignon et les gousses d'ail. Coupez les tranches de jambon en fines lanières. Coupez les blancs de dinde en deux.

**Découpez** 8 grands carrés de papier sulfurisé, étalez-les deux par deux sur le plan de travail, garnissez-les de bâtonnets de courgette et posez 1 morceau de dinde par-dessus. Salez, poivrez, ajoutez les lamelles de tomate et de poivron, l'ail et l'oignon hachés, et enfin les lamelles de jambon. Arrosez d'un filet d'huile d'olive.

**Repliez** les bords du papier et ourlez-les pour fermer hermétiquement les papillotes.

**Placez** les papillotes dans le panier d'un cuit-vapeur. Posez celui-ci sur une casserole adaptée remplie d'eau bouillante aux deux tiers. Baissez le feu pour une légère ébullition, couvrez et faites cuire 12 minutes à la vapeur douce.

**Servez** avec un filet de très bonne huile d'olive.

**Conseil** À cuire aussi 12 minutes au four préchauffé à 180 °C, en papillotes de papier sulfurisé ou en papillotes de silicone.

# poulet à la moutarde en papillote

Pour **4 personnes**
Préparation **15 minutes**
Cuisson **13 à 15 minutes**

2 bulbes de **fenouil**
le **jus** de ½ **citron**
4 **filets de poulet fermier**
  de 140 à 150 g chacun
2 ½ c. à s. de **moutarde
  à l'ancienne**
**huile d'olive**
**sel** et **poivre du moulin**

**Nettoyez** les bulbes de fenouil, retirez la première coque, généralement dure et abîmée, coupez les branches vertes et gardez les plumets des jeunes pousses. Coupez-les en deux ou en quatre dans la hauteur et émincez-les au robot avec la fonction éminceur. Mélangez le fenouil émincé avec un filet de jus de citron pour qu'il ne s'oxyde pas.

**Étalez** 4 grandes feuilles de papier sulfurisé sur le plan de travail, répartissez l'émincée de fenouil bien égouttée au centre de chacune, salez et poivrez. Ajoutez 1 blanc de poulet sur le lit de fenouil ; salez, poivrez, couvrez de moutarde, versez un filet d'huile d'olive et fermez hermétiquement chaque papillote.

**Posez** les papillotes sur une plaque de cuisson en métal et glissez-les au four préchauffé à 180 °C, pour 13 à 15 minutes de cuisson.

**Conseil** À réaliser aussi en papillotes de silicone.

# poulet au lard et au citron

Pour **4 à 6 personnes**
Préparation **15 minutes**
Cuisson **50 minutes** environ

1 **citron** non traité
6 grosses gousses d'**ail**
1 **poulet fermier**
   coupé en morceaux
   par votre volailler
12 fines tranches
   de **poitrine fumée**
2 c. à s. de **bouillon**
   **de volaille**
**huile d'olive**
**sel** et **poivre du moulin**

**Brossez** le citron sous l'eau chaude, essuyez-le et émincez-le en très fines rondelles.

**Chemisez** un plat à four de papier sulfurisé, en laissant largement dépasser les bords. Pelez l'ail, dégermez-le, coupez chaque gousse en quatre et mettez-les dans le fond du plat.

**Faites chauffer** 2 cuillerées à soupe d'huile d'olive dans une sauteuse et mettez les morceaux de poulet à colorer sur toutes les faces, puis placez-les bien serrés, côte à côte, au fond du plat. Salez, poivrez, glissez les lanières de poitrine fumée entre chaque morceau de poulet et disposez les rondelles de citron par-dessus. Ajoutez un filet d'huile d'olive sur les morceaux de poulet, et le bouillon de volaille dans le fond du plat. Rabattez les bords du papier sulfurisé sur le plat et fermez hermétiquement cette unique papillote par plusieurs plis sur le dessus et les côtés.

**Glissez** le plat sur une grille, en bas du four préchauffé à 200 °C, pour 45 minutes.

**À la sortie du four**, coupez le dessus de la papillote et servez à même le plat.

**Variante** Une fois qu'ils sont en place dans le plat, saupoudrez les morceaux de poulet de quelques pincées de poudre de piment d'Espelette ou de safran. Remplacez l'ail par 8 échalotes coupées en quatre dans la longueur.

# boulettes de poulet haché aux herbes et riz blanc

Pour **4 personnes**
Préparation **20 minutes**
Cuisson **6 minutes**

1 gros bouquet de **coriandre**
1 bouquet de **ciboulette**
500 g de **blancs de poulet**
1 c. à s. de **gingembre frais**
1 **blanc d'œuf**
4 tiges de **citronnelle**

**Lavez** les herbes et ciselez-les dans 2 bols séparés.

**Mixez** les blancs de poulet coupés en petits dés avec le gingembre finement râpé, la moitié de la coriandre et la ciboulette ciselées. Puis ajoutez le blanc d'œuf, en continuant de mixer pour l'amalgamer. Façonnez 4 boulettes avec des noix de viande hachée.

**Découpez** les tiges de citronnelle en bâtonnets. Piquez chaque boulette sur 1 bâtonnet de citronnelle, puis roulez dans le reste de coriandre ciselée.

**Chemisez** le panier d'un cuit-vapeur de papier sulfurisé, en laissant dépasser les bords afin de pouvoir les rabattre sur le contenu du panier. Disposez-y les sucettes de poulet, rabattez la feuille de papier et fermez par plusieurs plis sur le dessus pour obtenir une papillote hermétique.

**Posez** le panier sur une casserole adaptée remplie d'eau bouillante aux deux tiers. Baissez le feu pour une légère ébullition, couvrez et faites cuire 6 minutes à la vapeur douce.

**Servez** les sucettes de poulet avec du riz blanc et de la sauce piquante sucrée-salée.

# papillote zen de blanc de poulet, pomme, céleri

Pour **4 personnes**
Préparation **15 minutes**
Cuisson **15 minutes**

4 **branches de céleri**
3 **pommes**
le **jus** de ½ **citron**
2 brins d'**estragon**
4 **blancs de poulet**
   de 150 g environ
2 c. à c. de **baies roses**
12 grains de **poivre du Sichuan**
4 c. à c. rases de **miel d'acacia** ou **de fleur d'oranger**
**huile d'olive**
**sel** et **poivre du moulin**

**Lavez** les branches de céleri, effilez-les, émincez-les dans la longueur puis recoupez-les en tout petits cubes. Lavez les pommes, essuyez-les, coupez-les en quatre, retirez cœurs et pépins puis émincez-les en très fines lamelles. Mettez-les dans un grand bol et arrosez-les d'un filet de jus de citron pour qu'elles ne s'oxydent pas.

**Coupez** 4 grandes feuilles de papier d'aluminium, doublez-les de 4 feuilles de papier sulfurisé, étalez-les sur le plan de travail et badigeonnez-les d'huile d'olive au pinceau.

**Mélangez** les pommes, les dés de céleri et les feuilles d'estragon, et répartissez ce mélange au centre des papillotes. Salez et poivrez. Posez les blancs de poulet dessus, salez légèrement, parsemez de baies roses et de poivre du Sichuan. Ajoutez 1 cuillerée à café de miel et un filet d'huile d'olive, et fermez hermétiquement les papillotes. Posez-les sur une plaque de cuisson et faites cuire 15 minutes à four préchauffé à 180 °C.

**Ouvrez** les papillotes à la sortie du four, ajoutez un brin d'estragon ou de cerfeuil pour la décoration et servez de suite.

**Conseils** Remplacez le poivre du moulin par du mélange 5-baies au moulin. Choisissez la papillote qui vous plaira : simple papier sulfurisé, éventuellement doublé pour plus de résistance, ou papillote de silicone.

# filet de poulet et boulgour au pesto

Pour **4 personnes**
Préparation **15 minutes**
Cuisson **12 minutes**

4 **filets de poulet fermier**
   de 150 g, avec la peau
300 g de **boulgour**
4 petits **oignons nouveaux**
1 petit bouquet
   de **persil plat**
6 **pimientos del piquillo**
   à l'huile
1 pot de **pesto**
**huile d'olive**
**sel** et **poivre du moulin**

**Préparez** les blancs de poulet en coupant la graisse autour des filets. Salez-les et poivrez-les des deux côtés, et posez-les dans 4 papillotes de silicone, peau vers le haut. Arrosez-les d'un filet d'huile d'olive puis fermez les papillotes.

**Faites-les cuire** 12 minutes dans un four préchauffé à 250 °C.

**Faites cuire** le boulgour selon les indications sur le paquet, ou à la vapeur. Lorsqu'il est bien gonflé, mettez-le dans un saladier, ajoutez les oignons nouveaux et le persil ciselés, les pimientos del piquillo émincés et 4 cuillerées à soupe de pesto. Mélangez puis rectifiez l'assaisonnement.

**Servez** le boulgour avec les filets de poulet découpés en fines tranches et accompagnés de 2 cuillerées à café de pesto.

**Variante** Ajoutez des raisins de Corinthe en même temps que vous faites cuire et gonfler le boulgour.

**Conseil** À réaliser aussi en papillotes de papier sulfurisé.

# papillote de poulet au curry et au lait de coco

Pour **4 personnes**
Préparation **30 minutes**
Cuisson **35 minutes** environ

25 cl de **lait de coco**
2 cm de **gingembre frais** râpé
1 c. à c. de **cumin en poudre**
2 c. à s. de **curry en poudre**
1 c. à c. de **safran en poudre**
4 **blancs de poulet**
1 gros **oignon**
2 belles **carottes**
2 **courgettes**
2 **navets**
**huile**
**sel** et **poivre du moulin**

**Dans un saladier**, mélangez le lait de coco, le gingembre, le cumin, le curry et le safran.

**Coupez** les blancs de poulet en morceaux. Pelez et hachez l'oignon. Faites-le revenir dans une poêle, avec un peu d'huile. Ajoutez les morceaux de poulet. Laissez-les dorer puis versez le lait de coco épicé. Mélangez sur feu doux pendant 5 minutes.

**Grattez**, lavez et coupez les carottes en bâtonnets. Lavez et émincez également les courgettes en julienne. Épluchez, lavez et coupez les navets en petits morceaux.

**Préparez** 4 grandes feuilles de papier sulfurisé. Disposez au centre le poulet au curry et au lait de coco. Ajoutez des petites portions de carottes, de navets et de courgettes. Fermez hermétiquement les papillotes et enfournez pour 25 minutes dans un four préchauffé à 210 °C.

**Ouvrez** les papillotes. Rectifiez l'assaisonnement si nécessaire et servez aussitôt, avec un bol de riz sauvage.

**Variante** Vous pouvez faire mariner les morceaux de poulet avec un peu de curry et la moitié du lait de coco, pendant 15 minutes, avant la cuisson.

# papillote de poulet au fenouil et à la courgette

Pour **4 personnes**
Préparation **25 minutes**
Cuisson **25 minutes**

1 gros **oignon**
1 gousse d'**ail**
1 bulbe de **fenouil**
1 **courgette**
1 **branche de céleri**
1 **citron** non traité
4 **blancs de poulet**
1 c. à c. de **graines de fenouil**
1 c. à s. d'**herbes** hachées (**persil, coriandre, ciboulette**)
**huile d'olive**
**sel** et **poivre du moulin**

**Épluchez** et émincez l'oignon et l'ail. Lavez et coupez le fenouil en morceaux. Lavez et détaillez la courgette en bâtonnets. Lavez, effilez et émincez la branche de céleri (conservez les feuilles).

**Brossez** le citron sous l'eau chaude. Essuyez-le. Râpez un peu de son zeste, de façon à en obtenir 1 cuillerée à soupe. Prélevez son jus et réservez-le.

**Saisissez** les blancs de poulet dans une poêle chaude, pendant 1 minute de chaque côté, sans coloration.

**Faites revenir** rapidement l'oignon, avec les graines de fenouil et l'ail, dans une poêle avec un peu d'huile d'olive. Ajoutez le fenouil, le céleri, les bâtonnets de courgette et le zeste de citron râpé. Salez et poivrez. Arrosez de quelques gouttes de jus de citron.

**Disposez** les blancs de poulet dans 4 carrés de papier sulfurisé. Saupoudrez d'herbes hachées et ajoutez tous les légumes. Arrosez d'un filet de jus de citron et d'huile d'olive. Salez et poivrez. Fermez les papillotes. Enfournez pour 20 minutes à four préchauffé à 200 °C. Ouvrez les papillotes et servez.

# papillote de poulet au melon

Pour **4 personnes**
Préparation **20 minutes**
Cuisson **15 minutes**

4 **blancs de poulet**
 de 200 g chacun
2 **citrons verts**
1 **melon** mûr à point
2 petits **piments**
 (1 **vert** + 1 **rouge**)
**huile d'olive**
**sel** et **poivre du moulin**

**Découpez** les blancs de poulet en cubes réguliers. Rincez et séchez les citrons verts. Détaillez-les en fines rondelles. Coupez le melon en quatre. Retirez les pépins ainsi que la peau. Tranchez chaque quartier en lamelles. Lavez, épépinez et coupez les piments en tout petits dés.

**Découpez** 4 carrés de papier sulfurisé. Disposez au centre les cubes de poulet, puis les lamelles de melon, les dés de piment et les rondelles de citron vert. Salez et poivrez. Arrosez d'huile d'olive. Fermez hermétiquement les papillotes et enfournez pour 15 minutes à four préchauffé à 200 °C.

**Au moment de servir**, ouvrez les papillotes et servez aussitôt, avec un peu de lait de coco chaud.

# papillote de poulet aux légumes

Pour **4 personnes**
Préparation **30 minutes**
+ marinade
Cuisson **45 minutes** environ

4 belles **cuisses de poulet** sans peau, désossées
4 c. à s. **huile d'olive**
le **jus** de 1 **citron**
1 c. à s. de **basilic** ciselé
1 c. à s. de **baies rouges**
1 **courgette**
1 bulbe de **fenouil**
150 g de **pois gourmands**
12 **tomates cerises**
2 **oignons nouveaux**
1 bouquet de **ciboulette**
20 g de **beurre**
**sel** et **poivre du moulin**

**Salez et poivrez** les cuisses de poulet. Arrosez-les d'un mélange d'huile d'olive, de jus de citron, de basilic ciselé et de baies rouges. Laissez mariner pendant 20 minutes. Faites dorer rapidement dans une poêle, avec un peu de marinade.

**Lavez**, séchez et coupez la courgette en tagliatelles à l'aide d'un couteau économe. Lavez et émincez le bulbe de fenouil. Équeutez, effilez et lavez les pois gourmands. Lavez les tomates cerises. Pelez et coupez les oignons nouveaux en deux. Lavez et ciselez un peu de ciboulette, de façon à en obtenir l'équivalent de 2 cuillerées à soupe.

**Disposez** les cuisses de poulet sur 4 grands carrés de papier sulfurisé beurré. Parsemez de ciboulette ciselée. Ajoutez les légumes et arrosez le tout d'un filet d'huile d'olive. Salez et poivrez.

**Refermez** hermétiquement les papillotes et placez-les sur la plaque du four. Enfournez pour 40 minutes à four préchauffé à 200 °C. Ouvrez les papillotes. Décorez avec quelques brins de ciboulette. Servez aussitôt, avec un bol de riz blanc.

# papillote d'aiguillettes de poulet à la forestière

Pour **4 personnes**
Préparation **25 minutes**
Cuisson **25 minutes** environ

250 g de **champignons de Paris**
2 c. à s. d'**huile d'arachide**
4 **blancs de poulet** coupés en aiguillettes
1 c. à s. bien pleine de **yaourt nature**
1 c. à s. de **crème fraîche**
1 **brocoli** détaillé en fleurettes
2 c. à s. de **persil plat** ciselé
1 gousse d'**ail** hachée
**huile d'olive**
**sel** et **poivre du moulin**

**Coupez** le bout terreux des champignons de Paris. Nettoyez-les, détaillez-les en lamelles et faites-les cuire dans une poêle, avec un peu de matières grasses, jusqu'à ce qu'ils aient rendu leur liquide de végétation.

**Faites chauffer** l'huile d'arachide dans une poêle. Mettez-y les aiguillettes à dorer rapidement, tout en les retournant régulièrement. Salez et poivrez. Ajoutez le yaourt nature et la crème. Mélangez. Laissez cuire sur feu doux pendant quelques minutes.

**Découpez** 4 grands carrés de papier sulfurisé. Disposez les aiguillettes à la crème au centre. Ajoutez les fleurettes de brocoli ainsi que les champignons. Parsemez de persil et d'ail haché. Salez et poivrez. Arrosez d'un filet d'huile d'olive. Fermez hermétiquement les papillotes. Placez les papillotes dans un cuit-vapeur et laissez cuire pendant 15 minutes environ.

**Ouvrez** les papillotes et servez aussitôt.

# papillote d'aiguillettes de poulet à la printanière

Pour **4 personnes**
Préparation **20 minutes**
Cuisson **30 minutes** environ

4 **blancs de poulet**
200 g de **pois gourmands**
200 g de **petits pois**
12 **carottes nouvelles**
1 **tomate**
**gros sel**
4 tranches fines de **lard**
1 bouquet d'**estragon**
**huile d'olive**
**sel** et **poivre du moulin**

**Découpez** les blancs de poulet en aiguillettes, à l'aide d'un couteau bien tranchant. Badigeonnez-les d'huile d'olive. Salez et poivrez.

**Équeutez**, effilez et lavez les pois gourmands. Lavez les petits pois. Grattez et lavez les carottes. Lavez et épépinez la tomate, coupez la chair en lanières.

**Faites blanchir** les pois gourmands, les petits pois et les carottes pendant 5 minutes dans de l'eau bouillante salée. Égouttez-les.

**Faites dorer** rapidement les aiguillettes au gril. Retirez-les et remplacez-les par les tranches de lard. Laissez-les devenir croustillantes.

**Découpez** 4 grandes feuilles de papier sulfurisé. Placez les tranches de lard au centre, puis les aiguillettes de poulet. Répartissez la totalité des légumes. Arrosez d'un filet d'huile d'olive, salez et poivrez. Saupoudrez d'estragon. Fermez les papillotes et faites-les cuire au four préchauffé à 200 °C, pendant 20 minutes. Ouvrez les papillotes et servez aussitôt.

# papillote de blanc de poulet à la crème fraîche et au basilic

Pour **4 personnes**
Préparation **20 minutes**
Cuisson **25 minutes**

1 bouquet de **basilic**
20 cl de **crème fraîche**
2 c. à s. de **moutarde**
le **jus** de 1 **citron**
4 **blancs de poulet**
**sel** et **poivre du moulin**

**Lavez** et séchez les feuilles de basilic. Réservez-en quelques-unes entières pour la décoration et ciselez le reste.

**Dans un saladier**, mélangez la crème fraîche avec la moutarde et le jus de citron, en battant légèrement. Salez et poivrez généreusement.

**Découpez** 4 grands carrés de papier sulfurisé. Disposez les blancs de poulet au centre. Parsemez de basilic ciselé et nappez de sauce à la crème. Fermez les papillotes en les repliant plusieurs fois.

**Mettez** les papillotes sur une plaque de cuisson et enfournez pour 25 minutes à four préchauffé à 210 °C.

**Au moment de servir**, ouvrez les papillotes et décorez avec les feuilles de basilic réservées. Servez avec des tagliatelles fraîches ou des légumes vapeur.

# filet de dinde aux courgettes émincées

Pour **4 personnes**
Préparation **30 minutes**
Cuisson **35 minutes** environ

4 **filets de dinde**
10 cl de **crème fraîche**
1 petit bouquet de **cerfeuil**
4 petites **courgettes**
1 gros bulbe de **fenouil**
**huile d'olive**
**beurre**
**sel** et **poivre du moulin**

**Faites chauffer** 1 cuillerée à soupe d'huile et 20 g de beurre dans une grande poêle. Mettez-y les filets de dinde à dorer, pendant 2 minutes de chaque côté. Salez et poivrez. Arrosez de crème fraîche et saupoudrez d'un peu de cerfeuil lavé et ciselé. Retirez les filets de dinde et émincez-les. Réservez la sauce au chaud.

**Coupez** les extrémités des courgettes. Lavez-les, séchez-les et détaillez-les en tagliatelles, puis en fines lanières façon spaghettis.

**Parez** et lavez le bulbe de fenouil. Découpez-le en quartiers. Faites-les dorer dans un peu de beurre pendant 5 minutes environ, en les remuant régulièrement avec une cuillère en bois. Salez et poivrez.

**Découpez** 4 grands carrés de papier sulfurisé. Répartissez les lamelles de dinde au centre, ainsi que les courgettes et les quartiers de fenouil. Arrosez d'un filet d'huile d'olive. Fermez les papillotes de façon bien hermétique. Faites cuire à la vapeur pendant 20 minutes.

**Au moment de servir**, disposez les lamelles de dinde en éventail dans les assiettes. Ajoutez les spaghettis de courgette et les quartiers de fenouil. Nappez de sauce à la crème. Décorez avec quelques brins de cerfeuil. Donnez un tour de moulin à poivre et servez aussitôt.

# filet de dinde roulé au prosciutto et au parmesan

Pour **4 personnes**
Préparation **30 minutes**
 + **1 heure** de marinade
Cuisson **50 minutes** environ

4 fines tranches de **parmesan**
4 **escalopes de dinde**
4 belles tranches de **prosciutto**
4 c. à s. d'**huile d'olive**
½ c. à s. de **vinaigre balsamique**
**thym**
12 petites **pommes de terre** (type ratte)
**gros sel**
2 **courgettes**
½ verre de **vin blanc**
**romarin**
**beurre**
**fleur de sel** et **poivre du moulin**

**Répartissez** les tranches de parmesan sur les escalopes de dinde bien aplaties. Roulez-les et enveloppez-les dans le prosciutto. Maintenez-les avec des piques en bois ou de la ficelle de cuisine. Faites-les mariner 1 heure dans un mélange d'huile d'olive, de vinaigre balsamique et de thym.

**Lavez** les pommes de terre et faites-les cuire, sans les éplucher, pendant 20 à 25 minutes dans de l'eau bouillante salée.

**Coupez** les extrémités des courgettes. Lavez-les et émincez-les. Faites-les cuire à la vapeur 3 minutes.

**Mettez** les paupiettes de dinde à dorer dans une sauteuse, avec un peu de beurre, en les retournant régulièrement. Déglacez avec le vin blanc.

**Égouttez** les pommes de terre. Coupez-les en deux et faites-les dorer dans une poêle, avec un peu de beurre. Saupoudrez de romarin. Salez à la fleur de sel et poivrez. Réservez au chaud.

**Disposez** chaque paupiette de dinde sur une feuille de papier sulfurisé, avec 1 portion de courgettes. Arrosez de jus de cuisson. Fermez les papillotes. Placez-les au four préchauffé à 180 °C, pour 10 minutes.

**Servez** les roulades de dinde avec les courgettes et les pommes de terre.

# caille enrubannée de feuille de vigne

Pour **4 personnes**
Préparation **25 minutes**
Cuisson **30 minutes** environ

4 grandes **feuilles de vigne**
4 **cailles**
60 g de **beurre**
400 g de **groseilles à maquereaux**
1 trait de **cognac**
4 bardes de **lard**
1 c. à s. de **miel**
**sel** et **poivre du moulin**

**Lavez** soigneusement et séchez les feuilles de vigne.

**Salez et poivrez** les cailles. Beurrez généreusement les poitrines et les cuisses. Rincez et équeutez les groseilles à maquereaux, et mettez-en une partie à l'intérieur des cailles. Faites-les dorer dans une cocotte pendant 5 minutes environ, en les retournant sans cesse. Versez le cognac et flambez. Retirez les cailles de la cocotte (réservez le jus de cuisson). Enveloppez-les dans 1 barde de lard, puis dans 1 feuille de vigne. Ficelez les préparations et disposez-les sur 4 feuilles de papier d'aluminium. Fermez les papillotes. Placez-les au four préchauffé à 220 °C, pour 20 minutes.

**Faites dorer** les groseilles restantes dans un peu de beurre. Ajoutez le miel ainsi que le jus de cuisson des cailles réservé. Mélangez. Retirez du feu.

**Sortez** les cailles des feuilles d'aluminium et servez-les avec la préparation aux groseilles. Servez aussitôt.

# filet de canard pané aux écrevisses et ratatouille

Pour **4 personnes**
Préparation **1 heure**
Cuisson **1 heure**

3 gousses d'**ail** émincées
1 **poivron rouge** épépiné et détaillé en petits dés
1 **oignon** émincé
2 **courgettes** découpées en petits dés
1 grosse **aubergine** découpée en petits dés
1 pincée de **piment en poudre**
12 **écrevisses**
30 g de **beurre**
1 **échalote**
1 trait de **cognac**
20 cl de **vin blanc**
1 gousse d'**ail**
1 pincée de **piment en poudre**
les **zestes** de 1 **orange** et de 1 **citron**
les **jus** de 1 **orange** et de 1 **citron**
1 c. à s. de **sucre**
2 c. à s. de **miel**
2 **filets de canard**
**huile d'olive**
**sel** et **poivre du moulin**

**Préparez la ratatouille** : faites chauffer un peu d'huile d'olive dans une sauteuse. Faites-y revenir l'ail et le poivron. Ajoutez l'oignon, les courgettes et l'aubergine. Salez et poivrez. Saupoudrez de 1 pincée de piment. Laissez cuire pendant 25 minutes, tout en remuant.

**Faites sauter** les écrevisses sur feu vif, dans 1 cuillerée à soupe d'huile et 10 g de beurre. Ajoutez l'échalote pelée et hachée. Mélangez pendant 1 minute. Arrosez de cognac et flambez. Versez le vin blanc, la gousse d'ail pelée et hachée, et le piment. Salez et poivrez. Laissez cuire 10 minutes. Retirez les écrevisses et décortiquez-les.

**Hachez** au couteau le zeste des agrumes. Versez les jus d'orange et de citron dans une casserole. Ajoutez le sucre et les zestes. Laissez réduire. Incorporez le miel. Salez et poivrez.

**Coupez** les filets de canard en portefeuille. Farcissez-les d'écrevisses. Roulez-les et ficelez-les. Salez et poivrez. Saisissez-les dans une poêle, avec 20 g de beurre. Égouttez-les puis badigeonnez-les du mélange aux agrumes. Enveloppez-les dans une feuille de papier d'aluminium. Faites-les cuire au four préchauffé à 210 °C, pendant 5 minutes.

**Sortez** les filets du four. Coupez-les en tranches et servez-les avec la ratatouille.

# viandes

# boulettes de veau à la vapeur, graines de sésame et coriandre

Pour **4 personnes**
Préparation **15 minutes**
Cuisson **15 minutes**

400 g de **veau haché**
4 c. à s. de **graines de sésame**
1 bouquet de **coriandre fraîche**
1 gousse d'**ail**
1 **blanc d'œuf**
**huile de sésame**
**sel** et **poivre du moulin**

**Dans un saladier**, mélangez le veau haché avec les graines de sésame. Lavez, séchez, effeuillez et hachez la moitié du bouquet de coriandre. Incorporez-la à la viande, ainsi que la gousse d'ail pelée et hachée. Ajoutez un filet d'huile de sésame, le blanc d'œuf, du sel et du poivre. Malaxez bien le tout.

**Façonnez** la préparation en 12 à 16 boulettes.

**Placez-les** sur une feuille de papier d'aluminium perforée, avec quelques brins de coriandre, puis fermez la papillote et faites-les cuire à la vapeur pendant 15 minutes.

**Ouvrez** la papillote et servez aussitôt.

# grenadins de veau pékinois

Pour **4 personnes**
Préparation **20 minutes**
Cuisson **12 minutes**

2 **carottes**
2 petites **courgettes**
150 g de **champignons de Paris**
le **jus** de ½ **citron**
100 g de **germes de soja**
1 bouquet de **persil plat**
1 c. à c. de **5-épices**
1 c. à c. de **gingembre en poudre**
1 c. à c. de **coriandre en poudre**
1 pincée de **piment de Cayenne**
4 **grenadins de veau**
2 c. à s. de **sauce soja**
20 g de **beurre**
**huile**
**sel** et **poivre du moulin**

**Épluchez**, lavez, séchez et émincez les carottes en bâtonnets. Lavez et séchez les courgettes. Coupez-les en rondelles. Coupez le bout terreux des champignons. Rincez-les rapidement, séchez-les et émincez-les. Arrosez-les de jus de citron. Lavez et séchez les germes de soja. Lavez, séchez, effeuillez et ciselez le persil.

**Posez** 2 larges bandes de papier sulfurisé superposées sur dans 4 assiettes creuses. Placez les légumes au centre. Salez.

**Mélangez** les épices dans un bol et saupoudrez-en les grenadins de veau. Saisissez-les dans une grande poêle huilée, pendant 1 minute de chaque côté. Retirez-les sans les piquer. Répartissez-les sur les lits de légumes et poivrez. Déglacez la poêle avec 4 cuillerées à soupe d'eau. Ajoutez la sauce soja hors du feu. Versez ce jus sur les grenadins. Parsemez de quelques noisettes de beurre. Fermez les papillotes. Placez au four préchauffé à 210 °C, pour 10 minutes. Servez aussitôt.

# rôti de veau aux herbes et épices en papillote

Pour **4 personnes**
Préparation **15 minutes**
Cuisson **1 h 10**

1 kg de **veau** (noix ou épaule)
1 c. à s. d'**huile d'olive**
1 **citron** non traité
50 g de **beurre**
3 c. à s. d'**herbes** mélangées (**persil**, **cerfeuil** et **ciboulette**), hachées
1 c. à c. de **4-épices**
1 c. à c. de **cumin en poudre**
1 c. à c. de **graines de fenouil**
1 c. à c. de **thym**
**sel** et **poivre du moulin**

**Faites dorer** le veau dans une sauteuse, avec l'huile d'olive, sur toutes les faces. Retirez du feu et réservez.

**Brossez** le citron sous l'eau chaude. Prélevez et râpez son zeste, puis son jus. Mettez-les dans un bol, avec le beurre. Malaxez à la fourchette. Ajoutez toutes les herbes hachées, le 4-épices, le cumin, le fenouil, le thym, du sel et du poivre. Malaxez à nouveau.

**Découpez** un grand rectangle de papier d'aluminium. Déposez le rôti de veau au centre. Badigeonnez-le avec la préparation au beurre et aux herbes. Fermez la papillote de façon bien hermétique. Enfournez pour 1 heure à four préchauffé à 180 °C.

**Sortez** le rôti du four. Découpez-le en tranches et servez avec le jus de cuisson.

# filet mignon de veau farci aux girolles et ratatouille

Pour **4 personnes**
Préparation **35 minutes**
Cuisson **1 h 20** environ

600 g de **girolles**
3 gousses d'**ail** émincées
1 **filet mignon de veau**
1 **poivron jaune**
1 **poivron rouge** coupé en morceaux
2 **courgettes** coupées en morceaux
1 **aubergine** coupée en morceaux
1 **oignon** émincé
1 pincée de **piment de Cayenne**
1 brin de **thym**
1 feuille de **laurier**
**beurre**
**huile d'olive**
**sel**, **fleur de sel** et **poivre du moulin**

**Rincez** les girolles sous un jet d'eau froide. Séchez-les soigneusement. Faites-les revenir dans une poêle, avec une noix de beurre, pendant 5 minutes environ, jusqu'à ce qu'elles aient rendu leur liquide de végétation. Ajoutez 1 gousse d'ail émincée. Salez et poivrez. Laissez cuire à nouveau 1 à 2 minutes, tout en remuant. Égouttez.

**Ouvrez** le filet mignon de veau en deux. Farcissez-le de girolles. Ficelez avec du fil de cuisine. Salez et poivrez. Faites-le dorer dans une sauteuse. Égouttez-le et enveloppez-le dans une feuille de papier d'aluminium beurrée. Placez au four préchauffé à 210 °C pour 45 minutes environ.

**Préparez la ratatouille** : faites chauffer 2 cuillerées à soupe d'huile d'olive dans une sauteuse, faites-y revenir l'ail avec les poivrons. Retirez-les et remplacez-les par l'oignon, les courgettes et l'aubergine. Ajoutez un peu d'huile si nécessaire. Laissez cuire pendant 10 minutes. Remettez les poivrons. Salez, poivrez et pimentez. Ajoutez le thym et le laurier. Continuez la cuisson pendant 15 minutes.

**Coupez** le filet mignon en tranches. Parsemez de fleur de sel et servez avec la ratatouille.

# cuisse de lapin en papillote

Pour **4 personnes**
Préparation **20 minutes**
  + marinade
Cuisson **1 heure**

4 **cuisses de lapin**
1 c. à c. rase de **paprika**
1 c. à c. rase de **piment d'Espelette**
1 botte de **carottes nouvelles**
2 **échalotes roses**
200 g de **pois gourmands**
**huile de tournesol**
**sel** et **poivre du moulin**

**Placez** les cuisses de lapin dans un plat creux. Arrosez-les généreusement d'huile de tournesol. Saupoudrez de paprika et de piment d'Espelette. Salez et poivrez. Retournez les cuisses de lapin plusieurs fois, de façon qu'elles soient parfaitement enrobées. Couvrez d'un film alimentaire et laissez mariner au réfrigérateur pendant 2 heures.

**Épluchez** et lavez les carottes, en leur laissant un peu de leurs fanes. Pelez et émincez les échalotes. Équeutez et effilez les pois gourmands.

**Disposez** les pois gourmands sur 4 grands carrés de papier sulfurisé. Ajoutez les carottes et les échalotes. Posez au centre les cuisses de lapin. Arrosez de marinade. Fermez les papillotes et faites-les cuire 1 heure au four préchauffé à 200 °C.

**Ouvrez** les papillotes et servez aussitôt.

# papillote de lapin à la coriandre et au citron

Pour **4 personnes**
Préparation **25 minutes**
 + marinade
Cuisson **50 minutes** environ

3 gousses d'**ail**
1 c. à s. de **grains de coriandre**
le **jus** de 1 **citron**
4 c. à s. d'**huile d'olive**
4 **râbles de lapin**
4 **carottes**
2 **courgettes**
200 g de **pois gourmands**
200 g de **petits pois surgelés**
**gros sel**
**sel** et **poivre du moulin**

**Pelez** les gousses d'ail. Dégermez-les puis écrasez-les, avec les grains de coriandre. Versez le jus de citron et l'huile d'olive. Arrosez-en les râbles de lapin et laissez-les mariner pendant 1 heure.

**Disposez** les râbles sur 4 grands carrés de papier sulfurisé.

**Épluchez**, lavez et détaillez les carottes en bâtonnets. Lavez, séchez et coupez également les courgettes en bâtonnets. Équeutez, effilez et lavez les pois gourmands. Plongez ces légumes, ainsi que les petits pois, dans de l'eau bouillante salée, pour 3 minutes. Égouttez-les et répartissez-les dans les papillotes.

**Fermez** les papillotes de façon bien hermétique et placez-les sur la plaque du four. Enfournez pour 45 minutes à four préchauffé à 200 °C. Ouvrez les papillotes et prolongez la cuisson de 5 minutes.

**Servez** les papillotes directement dans les assiettes et décorez éventuellement avec des feuilles de coriandre.

# gigot d'agneau au céleri

Pour **4 personnes**
Préparation **20 minutes**
Cuisson **1 heure** environ

40 g de **beurre**
2 c. à s. d'**huile**
2 gousses d'**ail**
1 **gigot d'agneau** de 800 g environ
2 **branches de céleri**
**gros sel**
4 **tomates confites**
**fleur de sel** et **poivre du moulin**

**Faites chauffer** le beurre et l'huile dans une sauteuse. Pelez et émincez l'ail. Piquez-en le gigot, puis mettez-le à dorer sur toutes ses faces pendant 15 minutes. Retirez-le de la sauteuse.

**Lavez** les branches de céleri. Effilez-les et émincez-les. Plongez-les pour 3 minutes dans de l'eau bouillante salée. Détaillez les tomates confites en petits morceaux.

**Placez** le gigot sur une grande feuille de papier d'aluminium. Parsemez de tomates confites. Poivrez. Ajoutez les morceaux de céleri. Fermez la papillote de façon bien hermétique. Placez au four préchauffé à 220 °C, pour 40 minutes.

**Ouvrez** la papillote. Coupez le gigot en tranches. Parsemez de fleur de sel et servez.

# papillote de bœuf aux lentilles

Pour **4 personnes**
Préparation **20 minutes**
Cuisson **40 minutes** environ

1 **oignon blanc**
1 **clou de girofle**
1 **branche de céleri**
300 g de **lentilles vertes du Puy**
1 **bouquet garni**
600 g de **filet de bœuf**
1 c. à s. d'**huile**
1 petit **oignon rouge**
50 g de **pistaches** mondées
**sel** et **poivre du moulin**

**Pelez** l'oignon blanc et piquez-le du clou de girofle. Effilez la branche de céleri. Lavez-la. Réservez les feuilles tendres. Émincez la tige.

**Versez** les lentilles dans une casserole. Couvrez d'eau. Ajoutez l'oignon piqué du clou de girofle, le bouquet garni et le céleri. Salez et poivrez. Portez à ébullition. Couvrez, baissez le feu et poursuivez la cuisson pendant 20 minutes.

**Faites dorer** le filet de bœuf dans une poêle, avec l'huile chaude, en le retournant de tous côtés. Égouttez-le sur du papier absorbant.

**Pelez** et émincez l'oignon rouge. Concassez les pistaches.

**Égouttez** les lentilles. Retirez le bouquet garni ainsi que l'oignon. Placez-les sur un grand carré de papier sulfurisé. Ajoutez la viande, l'oignon rouge et les pistaches. Fermez la papillote en maintenant les extrémités avec de la ficelle. Placez au four préchauffé à 210 °C, pour 15 à 20 minutes.

**Déficelez** et servez aussitôt décoré de feuilles de céleri.

# papillote de bœuf et potiron en feuilles filo

Pour **4 personnes**
Préparation **30 minutes**
Cuisson **1 h 05** environ

600 g de **potiron**
100 g de **beurre**
2 **pommes de terre**
**gros sel**
15 cl de **lait**
2 **bok choy**
800 g de **filet de bœuf**
1 paquet de **feuilles de pâte filo**
**sel** et **poivre du moulin**

**Préparez la purée de potiron** : épluchez, égrenez et coupez la chair du potiron en morceaux. Mettez-les dans une casserole, avec 30 g de beurre et 10 cl d'eau. Laissez-les étuver pendant 15 minutes. Épluchez, lavez et faites cuire les pommes de terre dans de l'eau bouillante salée, pendant 20 à 25 minutes. Égouttez-les et passez-les au moulin à légumes, avec le potiron cuit. Mettez la purée dans une casserole, laissez sécher quelques instants puis incorporez le lait tout en mélangeant, ainsi que 40 g de beurre. Salez, poivrez et réservez.

**Coupez** les bok choy en quartiers dans la longueur. Rincez-les puis faites-les dorer dans 30 g de beurre restants et 2 cuillerées à soupe d'eau, pendant 10 minutes, à feu doux.

**Coupez** le filet de bœuf en tranches.

**Assouplissez** les feuilles de filo sur un torchon humide. Répartissez-les dans des coupelles, en les superposant de façon à avoir 3 couches à chaque fois. Garnissez-les de purée de potiron, de tranches de bœuf et de bok choy. Placez au four préchauffé à 180 °C, pour 10 minutes. Servez dès la sortie du four.

# papillote de porc aux deux choux

Pour **4 personnes**
Préparation **30 minutes**
Cuisson **35 minutes**

1 petit **chou blanc**
1 cœur de **chou vert**
**gros sel**
4 tranches fines de **lard fumé**
1 c. à s. d'**huile d'arachide**
1 **filet mignon de porc**
  coupé en tranches
**huile d'olive**
**sel** et **poivre noir concassé**

**Coupez** les 2 choux en morceaux. Lavez-les et égouttez-les. Plongez-les dans de l'eau bouillante salée et laissez cuire 10 minutes environ. Égouttez-les et réservez-les.

**Faites dorer** les tranches de lard dans une poêle, sans ajout de matières grasses. Égouttez-les sur du papier absorbant. Essuyez la poêle. Versez un peu d'huile d'arachide et mettez-y les tranches de porc à revenir rapidement sur les deux faces.

**Découpez** 4 carrés de papier sulfurisé. Garnissez le centre de choux, puis de tranches de porc et de lard. Parsemez de poivre noir concassé. Salez légèrement et arrosez d'un filet d'huile d'olive. Remontez le papier sulfurisé de façon à former des papillotes rondes et nouez-les avec du fil de cuisine. Placez au four préchauffé à 200 °C pour 20 minutes.

**Ouvrez** les papillotes et servez aussitôt.

# rôti de porc à l'orientale

Pour **4 personnes**
Préparation **25 minutes**
Cuisson **30 minutes** environ

4 **champignons noirs séchés**
1 boîte de **litchis au sirop**
½ **chou chinois**
1 c. à c. de **Maïzena**
3 c. à s. de **vinaigre blanc**
1 c. à s. de **miel**
2 c. à s. de **sauce soja**
4 tranches de **rôti de porc**
2 c. à s. d'**huile**
4 tranches de **bacon**
**sel** et **poivre du moulin**

**Placez** les champignons noirs dans de l'eau tiède, pour 20 minutes. Égouttez les litchis et récupérez le jus. Lavez et émincez le chou chinois. Faites-le cuire à la vapeur pendant 5 minutes.

**Délayez** la Maïzena avec le sirop des litchis. Ajoutez le vinaigre, le miel et la sauce soja. Poivrez.

**Faites dorer** les tranches de rôti dans une poêle, avec un peu d'huile. Salez et poivrez. Retirez-les et remplacez-les par le bacon. Laissez-le devenir bien croustillant. Retirez-le et remplacez-le par les champignons noirs égouttés et émincés, ainsi que le chou. Salez et poivrez. Laissez cuire 5 minutes, tout en remuant. Ajoutez la sauce au miel. Mélangez.

**Répartissez** les tranches de rôti sur 4 grands carrés de papier sulfurisé. Ajoutez le bacon, la préparation aux champignons et les litchis. Fermez les papillotes de façon bien hermétique. Placez au four, préchauffé à 200 °C, pour 15 minutes.

**Ouvrez** les papillotes et servez aussitôt.

# cèpes et boudin en feuilles de brick

Pour **4 personnes**
Préparation **30 minutes**
Cuisson **40 minutes** environ

2 **pommes**
60 g de **beurre**
4 gros **cèpes**
2 **boudins blancs**
2 c. à s. d'**huile**
8 **feuilles de brick**
2 pincées de **cumin en poudre**
**sel** et **poivre du moulin**

**Lavez** les pommes. Coupez-les en deux. Retirez le cœur et les pépins, puis coupez-les en fins quartiers. Faites-les dorer dans 20 g de beurre. Réservez-les.

**Nettoyez** soigneusement les champignons puis émincez-les. Coupez les boudins blancs en rondelles épaisses.

**Faites sauter** les cèpes dans une poêle, avec l'huile. Salez et poivrez. Retirez-les et réservez-les. Essuyez la poêle avec du papier absorbant. Ajoutez 20 g de beurre et mettez-y les rondelles de boudin à dorer, sur les deux faces.

**Badigeonnez** les feuilles de brick avec le beurre restant fondu. Superposez-les deux par deux. Garnissez-les de rondelles de boudin, de cèpes et de pommes. Saupoudrez d'un peu de cumin. Salez. Refermez les feuilles de brick de façon à obtenir des chaussons. Posez-les sur la plaque du four, recouverte de papier sulfurisé. Faites cuire au four préchauffé à 210 °C pendant 15 minutes. Les feuilles de brick doivent être bien dorées et croustillantes. Servez aussitôt, avec une salade d'épinards.

# végétariens

# bouchées de galettes de légumes en feuille de bananier

Pour **4 personnes**
Préparation **20 minutes**
Cuisson **20 minutes** environ

- 120 g de **quinoa**
- **gros sel**
- 1 **courgette**
- 1 **carotte**
- ½ **poivron rouge**
- 125 g de **maïs** en boîte
- 2 **œufs**
- 2 c. à s. de **farine**
- 1 c. à c. de **coriandre** hachée
- 1 filet de **sauce soja**
- 1 pincée d'**épices mexicaines**
- 1 **feuille de bananier** bien propre
- **huile**
- **sel** et **poivre du moulin**

**Faites cuire** le quinoa dans une casserole d'eau bouillante salée, pendant 15 minutes. Égouttez-le et réservez-le dans un saladier.

**Lavez** la courgette et coupez-la en petits dés. Épluchez, lavez et découpez la carotte en dés. Lavez le demi-poivron rouge, retirez les graines et les membranes blanches, et coupez la chair en dés. Égouttez le maïs.

**Ajoutez** les dés de courgette, de carotte et de poivron dans le saladier. Incorporez les grains de maïs, les œufs, la farine, la coriandre, la sauce soja et les épices. Salez et poivrez. Façonnez le tout en 8 boulettes. Aplatissez-les légèrement et faites-les revenir par petites tournées dans un peu d'huile, pendant 2 minutes environ de chaque côté.

**Coupez** la feuille de bananier en bandes. Enveloppez-y les galettes de légumes. Maintenez avec une pique en bois et servez à l'apéritif.

# brick de poire au chèvre

Pour **4 personnes**
Préparation **15 minutes**
Cuisson **10 minutes**

8 **feuilles de brick**
**beurre** fondu
4 **poires**
1 bûche de **chèvre**
**poivre noir concassé**

**Badigeonnez** les feuilles de brick de beurre fondu, à l'aide d'un pinceau de cuisine.

**Lavez** et coupez les poires en rondelles épaisses. Retirez les pépins. Détaillez également le fromage de chèvre en rondelles.

**Superposez** les feuilles de brick deux par deux. Placez au centre 1 rondelle de poire puis 1 rondelle de chèvre, continuez en alternant la poire et le chèvre. Terminez par 1 rondelle de poire. Saupoudrez de poivre noir concassé. Fermez les papillotes en aumônières puis placez-les sur la plaque du four, tapissée de papier sulfurisé.

**Enfournez** pour 10 minutes à préchauffé à 200 °C. Sortez les aumônières du four et servez aussitôt.

# légumes verts en papillote

Pour **4 personnes**
Préparation **15 minutes**
Cuisson **25 minutes**

400 g d'**asperges vertes**
2 **courgettes**
4 poignées de **fèves**
  écossées
1 **citron** non traité
½ bouquet de **feuilles
  de menthe**
**huile d'olive**
**sel** et **poivre du moulin**

**Pelez** les asperges en partant du bas, vers la tête. Lavez-les. Lavez, séchez et coupez les courgettes en morceaux. Ébouillantez les fèves pendant quelques minutes. Égouttez-les, rafraîchissez-les et retirez la fine pellicule qui les recouvre. Lavez, séchez et coupez le citron en rondelles. Lavez et séchez les feuilles de menthe.

**Répartissez** les asperges, les courgettes, les fèves, les rondelles de citron et les feuilles de menthe sur 4 carrés de papier sulfurisé. Salez et poivrez. Arrosez d'un généreux filet d'huile d'olive. Fermez hermétiquement les papillotes. Placez au four préchauffé à 180 °C, pour 20 à 25 minutes.

**Ouvrez** les papillotes et servez aussitôt, avec du poisson ou une viande grillée.

# papillote à l'italienne

Pour **4 personnes**
Préparation **15 minutes**
Cuisson **20 minutes** environ

8 brins de **basilic**
4 **tomates**
4 **crottins** de **chavignol**
1 petit pot de **tapenade noire**
2 c. à s. d'**huile d'olive**
**poivre du moulin**

**Lavez**, séchez, effeuillez et ciselez la moitié du basilic. Réservez les feuilles entières restantes.

**Plongez** les tomates pour 15 secondes dans de l'eau bouillante. Égouttez-les, rafraîchissez-les sous un jet d'eau froide puis pelez-les, épépinez-les et coupez-les en petits dés. Répartissez-les au centre de 4 carrés de papier sulfurisé. Posez 1 fromage dessus, ainsi que 1 cuillerée à café bien pleine de tapenade noire. Arrosez d'un filet d'huile d'olive. Parsemez de basilic ciselé. Poivrez en donnant 3 tours de moulin. Fermez hermétiquement les papillotes et faites-les cuire à la vapeur pendant 20 minutes.

**Ouvrez** les papillotes, parsemez des feuilles de basilic entières réservées et servez aussitôt.

# papillote de légumes

Pour **4 personnes**
Préparation **30 minutes**
Cuisson **25 minutes**

2 **carottes**
4 **pommes de terre nouvelles**
1 petit **brocoli**
2 **blancs de poireaux**
200 g de **haricots verts**
1 **poivron rouge**
2 brins de **basilic**
**gros sel**
2 c. à s. d'**huile d'olive**
**fleur de sel** et **poivre du moulin**

**Épluchez** les carottes et les pommes de terre. Lavez-les, séchez-les, puis coupez les carottes en bâtonnets et les pommes de terre en morceaux. Lavez et séparez le brocoli en petits bouquets, puis en fleurettes. Lavez les blancs de poireau. Coupez-les en deux dans la longueur puis émincez-les en julienne. Équeutez, effilez et lavez les haricots verts. Coupez-les en deux dans la longueur. Lavez le poivron, coupez-le en deux, retirez les graines et les membranes blanches puis détaillez-le en lanières. Lavez et effeuillez le basilic.

**Faites blanchir** les carottes, les pommes de terre et les haricots dans de l'eau bouillante salée, pendant 5 minutes. Égouttez-les.

**Dans un saladier**, mélangez les pommes de terre avec les carottes, le brocoli, le poivron, les haricots verts et les poireaux. Répartissez ces légumes au centre de 4 grands carrés de papier sulfurisé. Salez et poivrez. Arrosez d'un filet d'huile d'olive. Ajoutez quelques feuilles de basilic. Fermez les papillotes et faites-les cuire à la vapeur pendant 20 minutes.

**Ouvrez** les papillotes et servez aussitôt.

# papillote de lentilles vertes aux légumes

Pour **4 personnes**
Préparation **20 minutes**
Cuisson **40 minutes** environ

250 g de **lentilles vertes du Puy**
1 **oignon**
1 **bouquet garni**
2 **carottes**
1 grosse **betterave cuite**
200 g de **haricots verts**
**gros sel**
1 poignée de **raisins secs**
1 petit morceau de **gingembre frais** pelé et râpé
**huile d'olive**
**sel** et **poivre du moulin**

**Versez** les lentilles dans une casserole et couvrez-les d'eau. Ajoutez l'oignon pelé et le bouquet garni. Salez et poivrez. Laissez cuire pendant 20 minutes, puis égouttez. Retirez le bouquet garni et l'oignon.

**Épluchez** et coupez les carottes et la betterave en julienne. Équeutez et effilez les haricots verts. Faites-les blanchir pendant 3 minutes dans de l'eau bouillante salée. Égouttez-les.

**Répartissez** tous les légumes et les lentilles dans 4 petites terrines ovales tapissées de papier sulfurisé. Laissez largement dépasser les bords, de façon à pouvoir recouvrir totalement les légumes. Ajoutez les raisins secs. Parsemez de gingembre. Salez et poivrez. Arrosez d'huile d'olive.

**Fermez** les papillotes sur les légumes et placez-les au four préchauffé à 180 °C, pour 20 minutes. Servez aussitôt.

# papillote mexicaine épicée

Pour **4 personnes**
Préparation **25 minutes**
Cuisson **35 minutes** environ

2 **poivrons**
  (1 **vert** + 1 **rouge**)
1 gros **oignon**
2 gousses d'**ail**
4 **tomates**
2 c. à s. de **haricots rouges cuits** en boîte
1 c. à s. de **maïs** en boîte
1 poignée de **feuilles de coriandre**
quelques pincées de **chili en poudre** (plus ou moins selon les goûts)
8 **feuilles de maïs** bien propres pour les papillotes
**huile**
**sel** et **poivre du moulin**

**Lavez** et coupez les poivrons en deux. Retirez les graines et les membranes blanches. Détaillez-les en petits dés. Épluchez et hachez l'oignon et l'ail. Ébouillantez les tomates 15 secondes. Pelez-les et coupez-les en petits morceaux. Égouttez les haricots rouges et le maïs. Lavez et ciselez la coriandre.

**Faites revenir** l'oignon dans une sauteuse, avec un filet d'huile. Ajoutez les poivrons et l'ail. Laissez cuire 5 minutes. Ajoutez les tomates, les haricots rouges et le maïs. Salez et poivrez. Incorporez la coriandre et le chili. Laissez cuire 10 minutes.

**Répartissez** cette préparation sur les feuilles de maïs. Refermez-les en papillotes et ficelez-les. Placez-les sur la grille du barbecue, pour 20 minutes. Servez aussitôt, avec des croquettes de poisson.

# papillote de petits légumes au pesto

Pour **4 personnes**
Préparation **15 minutes**
Cuisson **23 minutes**

600 g de **légumes : brocoli, petits pois, carottes** et **courgettes**
2 petits **oignons nouveaux** avec les tiges
12 **tomates cerises**
4 c. à c. de **pesto**
**huile d'olive**
**sel** et **poivre du moulin**

**Lavez** et séparez le brocoli en petits bouquets. Épluchez, lavez et coupez les carottes en bâtonnets. Lavez, séchez et détaillez les courgettes en fines rondelles. Pelez et émincez les oignons nouveaux, y compris un peu de leur tige. Lavez les tomates cerises.

**Plongez** les petits pois dans de l'eau bouillante pour quelques minutes. Égouttez-les et rafraîchissez-les sous un jet d'eau froide.

**Répartissez** tous les légumes sur 4 grands carrés de papier sulfurisé. Ajoutez sur chacun 1 cuillerée à café de pesto. Salez et poivrez. Arrosez d'un filet d'huile d'olive. Fermez hermétiquement les papillotes puis placez-les au four préchauffé à 200 °C, pour 20 minutes.

**Ouvrez** les papillotes et servez aussitôt.

**Conseil** Pour gagner du temps, utilisez un mélange de légumes surgelés.

# papillote vapeur de mille-feuille pomme et chèvre

Pour **4 personnes**
Préparation **15 minutes**
Cuisson **20 minutes**

2 **pommes**
40 g de **beurre**
4 petits **chèvres demi-secs**
1 ½ c. à s. de **persil** ciselé
**sel** et **poivre du moulin**

**Lavez** les pommes. Retirez le trognon et les pépins à l'aide d'un vide-pomme. Émincez-les en rondelles de 5 mm d'épaisseur.

**Faites fondre** le beurre dans une poêle. Mettez-y les rondelles de pomme et laissez-les dorer de chaque côté. Égouttez-les sur du papier absorbant.

**Coupez** les fromages de chèvre en deux dans l'épaisseur.

**Placez** 1 rondelle de pomme au centre de 4 rectangles de papier sulfurisé. Ajoutez 1 tranche de chèvre. Continuez en alternant encore une fois ces deux ingrédients. Terminez par 1 rondelle de pomme. Salez et poivrez. Parsemez de persil. Fermez hermétiquement les papillotes et faites-les cuire à la vapeur pendant 15 minutes.

**Ouvrez** les papillotes et servez aussitôt.

# papillote de légumes aux tomates

Pour **4 personnes**
Préparation **15 minutes**
Cuisson **20 minutes**

2 **courgettes**
1 bulbe de **fenouil**
100 g de **fèves**
3 **tomates**
1 **brocoli**
3 tiges de **basilic**
1 c. à s. de **grains de coriandre**
**huile d'olive**
**sel** et **poivre du moulin**

**Lavez**, séchez et coupez les courgettes en rondelles. Nettoyez le fenouil. Séparez les feuilles et coupez-le en lamelles. Ébouillantez les fèves pendant 1 minute. Égouttez-les et rafraîchissez-les sous l'eau froide. Retirez la fine pellicule qui les recouvre.

**Lavez**, séchez et coupez les tomates en quartiers. Lavez et séparez le brocoli en bouquets. Lavez, séchez, effeuillez et ciselez le basilic. Concassez les grains de coriandre.

**Répartissez** les légumes sur 4 grands carrés de papier sulfurisé. Parsemez-les de coriandre et de basilic. Arrosez d'un filet d'huile d'olive. Salez et poivrez. Fermez hermétiquement les papillotes puis faites-les cuire à la vapeur pendant 20 minutes.

**Ouvrez** les papillotes et servez aussitôt.

# papillote de tomate et feta

Pour **4 personnes**
Préparation **15 minutes**
Cuisson **9 minutes**

2 **tomates moyennes**
8 **feuilles de brick**
**beurre** fondu
4 gros cubes de **feta** de 2 cm de côté environ
1 c. à s. de **graines de sésame**
1 bouquet de **ciboulette**
**huile d'olive**
**sel** et **poivre du moulin**

**Lavez** les tomates. Séchez-les puis coupez-les en deux dans la hauteur. Faites-les revenir sur la tranche, dans un peu d'huile d'olive, pendant 2 minutes. Retirez-les et égouttez-les soigneusement.

**Badigeonnez** les feuilles de brick de beurre fondu, à l'aide d'un pinceau de cuisine. Superposez-les deux par deux. Disposez au centre de chaque poire ½ tomate, puis ajoutez 1 cube de feta. Salez et poivrez. Parsemez de graines de sésame. Remontez les papillotes en aumônière. Fermez les papillotes avec de la ficelle de cuisine ou 1 brin de ciboulette blanchi.

**Placez** les aumônières au four préchauffé à 180 °C, pour 7 minutes.

**Servez** aussitôt, avec quelques brins de ciboulette en décoration.

**Variante** Vous pouvez remplacer les tomates fraîches par des tomates séchées. Dans ce cas, utilisez l'huile de conservation pour badigeonner les feuilles de brick et remplacez la ciboulette par des feuilles de basilic.

# patate douce en papillote

Pour **4 personnes**
Préparation **5 minutes**
Cuisson **1 heure**

4 grosses **patates douces**
 ou 8 petites
**beurre**
**sel** et **poivre du moulin**

**Brossez**, lavez et séchez les patates douces. Incisez-les légèrement puis enveloppez chacune d'elles d'un carré de papier d'aluminium. Placez au four préchauffé à 180 °C, pour 1 heure.

**Sortez** les patates douces du four. Fendez-les. Salez et poivrez, puis parsemez de noisettes de beurre.

**Conseil** Servez les patates douces avec une compote de raisins blancs tiède.

# pommes de terre au four au sarasson

Pour **4 personnes**
Préparation **10 minutes**
Cuisson **1 heure** environ

4 belles **pommes de terre**
100 g de **fromage de chèvre frais**
100 g de **crème liquide**
1 gousse d'**ail**
1 bouquet de **ciboulette**
le **jus** de 1 **citron**
**sel** et **poivre du moulin**

**Brossez**, lavez et essuyez les pommes de terre. Enveloppez chacune d'elles d'un carré de papier d'aluminium. Placez au four préchauffé à 180 °C, pour 1 heure à 1 h 15, selon la grosseur des pommes de terre.

**Mettez** le fromage de chèvre et la crème liquide dans un saladier. Battez-les au fouet à main. Pelez et hachez l'ail. Lavez, séchez et ciselez la ciboulette. Incorporez-les à la préparation à la crème. Versez le jus de citron. Salez et poivrez. Mélangez de nouveau en battant.

**Sortez** les pommes de terre du four. Fendez-les en deux et garnissez-les de crème au fromage et à la ciboulette. Servez aussitôt.

# desserts

# banane au lait de coco

Pour **4 personnes**
Préparation **10 minutes**
Cuisson **10 minutes**

1 **citron vert** non traité
4 belles **bananes**
 ou 6 moyennes
4 **feuilles de bananier**
 bien propres
2 c. à s. de **sucre roux**
10 cl de **lait de coco**
1 c. à s. **de graines de sésame noir**

**Brossez** le citron vert sous l'eau chaude. Séchez-le. Prélevez le zeste et récoltez le jus. Épluchez et coupez les bananes en rondelles. Arrosez-les de jus de citron vert.

**Tapissez** 4 coupelles allant au four de feuilles de bananier, en les laissant largement déborder. Placez au centre les rondelles de banane. Ajoutez le zeste râpé, le sucre roux, le lait de coco et les graines de sésame noir. Rabattez les feuilles sur les bananes.

**Faites cuire** au four préchauffé à 180 °C, pendant 10 minutes.

**Conseil** La cuisson peut également se faire à la vapeur, dans ce cas prolongez-la de 5 minutes.

# bonbons croustifondants à l'ananas

Pour **4 personnes**
Préparation **30 minutes**
  + réfrigération
Cuisson **25 minutes** environ

1 **ananas**
1 ½ c. à s. de **miel**
1 **clou de girofle**
150 g de **chocolat noir**
70 g de **beurre** + 40 g
½ c. à c. d'**extrait naturel de vanille**
2 **jaunes d'œufs**
30 g de **sucre en poudre**
8 **feuilles de pâte filo**
**sucre glace**

**Coupez** l'ananas en 4 tranches épaisses puis détaillez chacune en 8 morceaux. Débarrassez-les du centre ligneux et de l'écorce. Faites-les caraméliser dans une poêle, avec le miel et le clou de girofle. Retirez du feu et réservez.

**Cassez** le chocolat en morceaux et faites-le fondre au bain-marie ou au micro-ondes. Faites fondre 70 g de beurre, avec l'extrait de vanille, dans une petite casserole. Laissez tiédir. Mélangez au fouet les jaunes d'œufs avec le sucre, jusqu'à ce que le mélange blanchisse et devienne mousseux. Incorporez le beurre vanillé fondu puis le chocolat, tout en fouettant. Laissez refroidir puis placez pour 20 minutes au réfrigérateur.

**Faites fondre** les 40 g de beurre restants et badigeonnez-en les feuilles de filo coupées en quatre. Disposez au centre de chaque rectangle de pâte 1 morceau d'ananas et un peu de préparation au chocolat. Enroulez la pâte autour de la garniture et refermez chaque extrémité comme un bonbon. Maintenez avec du fil de cuisine.

**Placez** les bonbons sur la plaque du four recouverte de papier sulfurisé et enfournez pour 10 minutes environ, à four préchauffé à 210 °C. Retirez les ficelles et saupoudrez de sucre glace avant de servir.

# brick aux pêches

Pour **4 personnes**
Préparation **20 minutes**
Cuisson **25 minutes**

8 **feuilles de brick**
**beurre** fondu
4 **pêches**
4 c. à s. de **sucre en poudre**
4 c. à s. de **confiture d'abricot**

**Badigeonnez** les feuilles de brick de beurre fondu. Superposez-les deux par deux dans des moules individuels, en laissant dépasser les bords.

**Lavez** et essuyez les pêches. Coupez-les en deux. Retirez les noyaux puis coupez la chair en quartiers réguliers. Répartissez-les sur les feuilles de brick. Saupoudrez de sucre en poudre et refermez les papillotes. Faites cuire au four préchauffé à 180 °C, pendant 20 à 25 minutes environ (les pêches doivent être bien dorées).

**Passez** la confiture d'abricot au mixeur. Faites-la chauffer quelques instants dans une petite casserole.

**Sortez** les préparations du four. Badigeonnez les pêches de confiture. Servez tiède ou froid.

# crumble de fruits rouges en papillote

Pour **6 personnes**
Préparation **20 minutes**
Cuisson **40 minutes** environ

250 g de **fraises**
150 g de **groseilles**
250 g de **framboises**
250 g de **mûres**
150 g de **cassis**
50 g de **sucre en poudre**
2 c. à s. de **crème de mûre**
50 g de **pétales de maïs soufflé**
100 g de **beurre demi-sel** très froid
85 g de **cassonade**
50 g de **farine**
1 tige de **verveine**

**Lavez** et équeutez les fraises. Coupez-les en quatre. Égrenez les groseilles. Mettez tous les fruits dans un saladier. Saupoudrez-les de sucre en poudre et arrosez-les de crème de mûre. Mélangez délicatement et réservez au frais.

**Concassez** les pétales de maïs soufflé pour les réduire en poudre. Coupez le beurre en parcelles, dans un saladier. Ajoutez la cassonade, la farine et la poudre de pétales de maïs soufflé. Malaxez le tout de manière à obtenir un mélange granuleux. Étalez cette pâte sur une feuille de papier sulfurisé et réservez au frais.

**Préchauffez** le four à 180 °C. Enfournez la pâte et faites cuire 20 minutes environ, jusqu'à ce qu'elle soit dorée et croustillante. Sortez-la du four et laissez refroidir. Maintenez le four allumé.

**Lavez**, séchez et effeuillez la verveine. Découpez 6 grands carrés de papier sulfurisé et étalez-les sur le plan de travail. Garnissez-les de salade de fruits rouges et parsemez de crumble. Ajoutez quelques feuilles de verveine et refermez les papillotes. Enfournez et faites cuire 15 minutes.

**Sortez** les papillotes du four et servez aussitôt, accompagné d'une crème glacée à la vanille.

# fruits aux épices en papillote

Pour **6 personnes**
Préparation **15 minutes**
+ réfrigération
Cuisson **15 minutes**

1 **ananas victoria**
1 petite **grappe de raisin italia**
4 **bananes** pas trop mûres
1 morceau de **gingembre**
3 bâtons de **cannelle**
2 **citrons verts** non traités
5 cl de **rhum blanc**
90 g de **sucre en poudre**
1 dosette de **safran en poudre**

**Épluchez** l'ananas. Coupez-le en quatre, ôtez le cœur un peu dur et coupez la chair en petits morceaux. Lavez, séchez, égrenez le raisin et coupez les grains en deux. Épluchez et coupez les bananes en rondelles épaisses. Épluchez et coupez le gingembre en fins bâtonnets. Cassez les bâtons de cannelle en morceaux. Lavez et coupez 1 citron vert en rondelles fines, prélevez le jus du deuxième citron.

**Mélangez** l'ananas, les bananes, le raisin, les rondelles de citron vert, les bâtonnets de gingembre et les morceaux de cannelle dans un saladier. Arrosez-les de rhum et de jus de citron vert. Saupoudrez-les de sucre en poudre. Mélangez et placez au frais pour 30 minutes.

**Découpez** 6 grands carrés de papier sulfurisé. Garnissez le centre de chaque carré de salade de fruits aux épices. Arrosez de jus de marinade et saupoudrez d'un peu de safran. Remontez le papier et nouez-le avec de la ficelle de cuisine pour former des papillotes.

**Placez** les papillotes dans le panier d'un cuit-vapeur. Posez le panier sur une casserole adaptée remplie d'eau bouillante à mi-hauteur. Couvrez et faites cuire 15 minutes. Servez dès la fin de la cuisson, avec un sorbet à la coco.

# papillote de fruits au beurre vanillé

Pour **6 personnes**
Préparation **15 minutes**
Cuisson **20 minutes**

100 g de **beurre**
1 kg de **prunes** variées (shiro, reine-claude, mirabelle...)
quelques gouttes d'**extrait de vanille**
6 c. à s. de **sucre en poudre**
3 **gousses de vanille**

**Découpez** le beurre en parcelles dans un bol et laissez-le ramollir à température ambiante. Lavez et séchez les prunes. Piquez-les avec une petite pique à cocktail.

**Découpez** 6 grands carrés de papier d'aluminium. Répartissez les prunes au centre de chaque carré.

**Fouettez** le beurre ramolli avec l'extrait de vanille. Badigeonnez les fruits de beurre. Saupoudrez-les de sucre.

**Ouvrez** les gousses de vanille en deux dans la longueur et placez ½ gousse dans chaque papillote.

**Repliez** le papier d'aluminium de manière à bien fermer les papillotes. Enfournez et faites cuire 20 minutes à four préchauffé à 240 °C. Servez dès la sortie du four.

# papillote poire, figue et banane aux épices, glace au nougat

Pour **4 personnes**
Préparation **45 minutes**
 + congélation
Cuisson **35 minutes**

**Pour la glace au nougat :**
50 cl de **lait**
½ **gousse de vanille**
25 g de **miel liquide**
100 g de **nougat blanc tendre**, cassé en petits morceaux
5 **jaunes d'œufs**
75 g de **sucre**
25 g d'**amandes** mondées concassées
25 g de **noisettes** mondées concassées

**Pour les papillotes :**
3 **bananes**
2 c. à s. de **jus de citron**
12 **figues séchées** coupées en deux
3 belles **poires** coupées en morceaux
90 g de **sucre en poudre**
1 c. à c. de **baies roses**
2 **bâtons de cannelle** cassés en morceaux
1 c. à c. de **cannelle en poudre**

**Préparez la glace** : portez à frémissements le lait, avec la vanille et le miel. Retirez du feu, ajoutez le nougat et laissez infuser 30 minutes. Fouettez les jaunes d'œufs avec le sucre. Jetez la gousse de vanille et incorporez le lait dans le mélange œufs-sucre. Transvasez dans une casserole et faites cuire à feu doux, tout en remuant. Hors du feu, ajoutez les amandes et les noisettes. Mélangez puis filtrez la préparation. Versez-la dans une sorbetière et turbinez 30 minutes. Versez la glace dans un bac et placez au congélateur.

**Coupez** les bananes en rondelles épaisses et arrosez-les de jus de citron. Mélangez les bananes, les figues et les poires dans un saladier.

**Versez** le sucre dans une casserole, avec 10 cl d'eau. Mélangez pour dissoudre le sucre et portez à ébullition. Ajoutez les baies roses et les bâtons de cannelle. Laissez cuire 10 minutes à petits bouillons. Versez le sirop obtenu sur les fruits et mélangez.

**Découpez** 4 grands carrés de papier sulfurisé. Répartissez-y les fruits et leur sirop aux épices. Saupoudrez-les de cannelle et refermez les papillotes.

**Enfournez** les papillotes à four préchauffé à 150 °C, pour 15 minutes. Sortez-les du four et posez-les dans les assiettes. Ouvrez-les et servez garni d'une quenelle de glace au nougat.

# papillote d'agrumes au miel

Pour **6 personnes**
Préparation **15 minutes**
Cuisson **17 minutes**

3 **oranges** non traitées
3 **pamplemousses roses**
3 **pamplemousses jaunes**
6 c. à s. de **miel de châtaignier**
2 petits brins de **thym frais**
2 c. à s. de **pignons de pin**
50 cl de **sorbet au citron**

**Lavez** 1 orange et prélevez-en le zeste avec un zesteur. Réservez.

**Pelez** tous les agrumes à vif. Détachez les quartiers les uns des autres, en passant la lame d'un couteau entre les fines membranes les séparant. Travaillez au-dessus d'un saladier, de manière à récupérer le jus s'écoulant des fruits au cours de cette opération. Filtrez le jus récupéré et versez-le dans une petite casserole. Ajoutez le miel et le zeste d'orange, et faites chauffer 2 minutes en remuant.

**Découpez** 6 grands carrés de papier sulfurisé. Répartissez-y les quartiers d'agrumes et arrosez du jus d'agrumes au miel et au zeste. Parsemez de pluches de thym frais et de pignons de pin. Repliez le papier de manière à former des papillotes. Placez les papillotes dans le panier d'un cuit-vapeur et posez celui-ci sur une casserole adaptée remplie d'eau bouillante. Couvrez et faites cuire 15 minutes.

**Servez** dès la fin de la cuisson, accompagné d'une boule de sorbet au citron.

# papillote d'ananas au citron vert et beurre de rhum

Pour **6 personnes**
Préparation **15 minutes**
Cuisson **20 minutes**

75 g de **beurre**
75 g de **sucre roux**
5 cl de **rhum blanc**
1 **ananas**
1 **citron vert** non traité

**Mettez** le beurre, le sucre et le rhum dans un mixeur et faites tourner jusqu'à obtention d'un mélange homogène. Versez dans un bol et réservez à température ambiante.

**Épluchez** et coupez l'ananas en petits cubes. Piquez-les sur des brochettes en bois. Brossez le citron vert sous l'eau fraîche et prélevez le zeste avec un zesteur.

**Découpez** 6 grands carrés de papier sulfurisé. Répartissez les brochettes sur les feuilles de papier sulfurisé. Badigeonnez-les généreusement de beurre au rhum et parsemez-les de zeste de citron vert.

**Refermez** les papillotes et enfournez-les pour 20 minutes à four préchauffé à 180 °C. Servez dès la sortie du four, avec de la crème fraîche épaisse.

# papillote de banane à la vanille

Pour **6 personnes**
Préparation **10 minutes**
Cuisson **15 minutes**

6 **bananes** pas trop mûres
120 g de **sucre en poudre**
1 c. à s. rase de **cannelle en poudre**
6 **gousses de vanille**
90 g de **beurre**
50 cl de **glace à la vanille**

**Découpez** 6 grands carrés de papier sulfurisé. Étalez-les sur le plan de travail.

**Épluchez** et coupez les bananes en rondelles épaisses. Répartissez-les au centre de chaque feuille de papier. Saupoudrez-les de sucre en poudre et de cannelle. Fendez les gousses de vanille en deux dans la longueur. Prélevez les grains avec la pointe d'un couteau puis ajoutez-les ainsi que les gousses évidées, sur les rondelles de banane. Parsemez ensuite de beurre en parcelles. Remontez les bords du papier et nouez-les avec de la ficelle de cuisine.

**Enfournez** et faites cuire 15 minutes à four préchauffé à 180 °C.

**Sortez** les papillotes du four, posez-les dans les assiettes, ouvrez-les et déposez une quenelle de glace à la vanille au centre de chaque papillote. Servez aussitôt.

# papillote de figues aux pruneaux et à la crème de mûre

Pour **6 personnes**
Préparation **15 minutes**
Cuisson **20 minutes**

12 **figues**
400 g de **pruneaux** dénoyautés
250 g de **mûres**
250 g de **framboises**
120 g de **sucre roux**
12 cl de **crème de mûre**
2 brins de **romarin**

**Découpez** les figues en quatre et les pruneaux en gros morceaux.

**Découpez** 12 carrés de papier sulfurisé et posez-en 6 bien à plat sur le plan de travail. Dans un saladier, mélangez délicatement les quartiers de figue, les morceaux de pruneau, les mûres et les framboises. Répartissez cette salade de fruits au centre des 6 carrés de papier.

**Saupoudrez** les fruits de sucre roux et arrosez-les de crème de mûre. Parsemez-les, pour finir, de quelques feuilles de romarin. Posez les carrés de papier vierge sur les fruits et fermez les papillotes, en repliant les côtés des feuilles sur eux-mêmes et en enroulant les quatre extrémités.

**Enfournez** les papillotes pour 15 à 20 minutes à four préchauffé à 180 °C. Servez dès la sortie du four.

# papillote de fruits d'hiver

Pour **6 personnes**
Préparation **25 minutes**
Cuisson **20 minutes**

2 tiges de **verveine**
100 g de **sucre**
1 c. à s. de **rhum blanc**
3 **kiwis**
2 **mangues**
6 **clémentines**
12 **litchis frais**
1 **carambole**

**Lavez**, séchez et effeuillez la verveine. Hachez-la grossièrement. Versez le sucre et le rhum dans une casserole. Ajoutez 10 cl d'eau et portez à ébullition. Ajoutez la verveine et laissez bouillir 5 minutes. Retirez du feu et filtrez le sirop. Réservez-le.

**Épluchez** les kiwis, les mangues, les clémentines et les litchis. Lavez la carambole. Séparez les quartiers de clémentine les uns des autres et mettez-les dans un saladier. Dénoyautez les litchis. Coupez la chair des mangues en petits cubes. Coupez les kiwis et la carambole en rondelles. Mettez tous les fruits dans le saladier et arrosez de sirop refroidi. Mélangez bien.

**Découpez** 6 grands carrés de papier sulfurisé. Étalez-les sur le plan de travail. Garnissez-les de fruits et arrosez d'un peu de sirop. Refermez le papier pour former une papillote et nouez les extrémités pour la maintenir bien fermée. Mettez les papillotes dans le panier d'un cuit-vapeur. Posez celui-ci sur une casserole adaptée remplie d'eau bouillante, couvrez et faites cuire 15 minutes.

**Servez** les papillotes dès la fin de la cuisson, accompagnées d'une sauce chocolat.

# papillote de fruits à la menthe

Pour **6 personnes**
Préparation **15 minutes**
Cuisson **20 minutes**

3 **mangues**
3 **poires**
1 petite boîte d'**ananas au sirop**
200 g de **framboises**
3 tiges de **menthe**

**Épluchez** les mangues et découpez la chair tout autour des noyaux. Coupez la chair en petits dés. Coupez les poires en quatre. Retirez les cœurs et les pépins, et épluchez les quartiers. Coupez-les ensuite en petits dés. Égouttez l'ananas. Réservez le sirop, coupez les tranches en petits morceaux. Mélangez tous les fruits dans un saladier.

**Découpez** 6 grandes feuilles de papier d'aluminium. Répartissez-y la salade de fruits. Arrosez chaque salade de 2 cuillerées à soupe du sirop réservé.

**Lavez**, séchez et effeuillez la menthe. Répartissez les feuilles sur les fruits. Fermez les papillotes.

**Placez** les papillotes dans le panier d'un cuit-vapeur. Posez celui-ci sur une casserole adaptée remplie d'eau bouillante. Couvrez et faites cuire 20 minutes. Servez dès la fin de la cuisson, accompagné d'un lait de soja parfumé au sirop d'amande.

# papillote de fruits frais et fruits secs

Pour **6 personnes**
Préparation **15 minutes**
Cuisson **15 minutes**

50 g de **raisins blonds secs**
5 cl de **rhum**
4 **oranges**
4 **bananes** pas trop mûres
50 g d'**amandes** mondées
100 g de **sucre roux**
1 c. à s. rase de **cannelle en poudre**

**Faites tremper** les raisins secs dans le rhum.

**Pelez** les oranges à vif. Détachez les quartiers les uns des autres, en passant la lame d'un couteau entre les fines membranes les séparant. Coupez ensuite les quartiers en morceaux. Épluchez et coupez les bananes en rondelles épaisses. Mélangez les rondelles de banane et les morceaux d'orange avec les amandes et les raisins au rhum.

**Découpez** 6 grandes feuilles de papier sulfurisé. Répartissez-y les fruits et leur jus. Saupoudrez de sucre roux et de cannelle en poudre.

**Fermez** les papillotes en enroulant les extrémités des feuilles de papier sur elles-mêmes. Enfournez et faites cuire 15 minutes à four préchauffé à 210 °C. Servez dès la sortie du four.

# papillote de poire au gingembre et pistaches

Pour **6 personnes**
Préparation **20 minutes**
Cuisson **40 minutes**

75 g de **pistaches non salées** mondées, concassées
1 petit morceau de **gingembre frais**, haché
6 **poires** épluchées

**Pour la crème :**
25 cl de **lait**
25 cl de **crème liquide**
1 pincée de **gingembre en poudre**
3 **jaunes d'œufs**
75 g de **sucre**

**Préparez la crème** : versez le lait et la crème liquide dans une casserole. Ajoutez le gingembre, mélangez puis faites chauffer à feu doux et portez à ébullition. Pendant ce temps, fouettez les jaunes d'œufs et le sucre jusqu'à ce que le mélange blanchisse. Quand le mélange crème-lait bout, retirez du feu et versez 1 louchée de liquide bouillant sur les jaunes, en fouettant vivement. Transvasez le tout dans la casserole, fouettez et remettez sur feu moyen. Faites cuire tout en remuant avec une spatule en bois. Arrêtez la cuisson dès que la crème nappe la spatule. Versez la crème dans un saladier et laissez refroidir, en remuant de temps en temps, puis placez au frais.

**Mélangez** les pistaches et le gingembre.

**Posez** chaque poire au centre d'un carré de papier d'aluminium. Parsemez de pistaches au gingembre. Remontez le papier d'aluminium et fermez-le de manière à former des papillotes.

**Posez** les papillotes dans le panier d'un cuit-vapeur. Placez celui-ci sur une casserole adaptée remplie d'eau bouillante. Couvrez et faites cuire 30 minutes.

**Répartissez** la crème dans 6 coupelles. Sortez les poires du cuit-vapeur et de leur papillote. Posez-les dans les coupelles et servez aussitôt.

# papillote aux abricots

Pour **6 personnes**
Préparation **10 minutes**
Cuisson **30 minutes**

100 g de **sucre en poudre**
1 **écorce de citron**
   non traité
1 kg d'**abricots**
1 c. à c. rase de **feuilles de thé noir**

**Versez** le sucre et 10 cl d'eau dans une casserole. Mélangez jusqu'à dissolution du sucre, ajoutez l'écorce de citron et portez à ébullition. Laissez bouillir 5 minutes.

**Pendant ce temps**, ouvrez les abricots en deux et dénoyautez-les. Coupez les oreillons d'abricot en deux. Mettez-les dans le sirop et poursuivez la cuisson 10 minutes.

**Découpez** 6 feuilles de papier sulfurisé. Garnissez-les d'abricots. Arrosez-les de 1 cuillerée à soupe de sirop et parsemez-les de feuilles de thé. Fermez les papillotes.

**Enfournez** et faites cuire 15 minutes à four préchauffé à 210 °C. Servez dès la sortie du four, avec de la crème fraîche épaisse.

# papillote croustillante à la poire, sauce chocolat

Pour **6 personnes**
Préparation **30 minutes**
Cuisson **35 minutes**

6 **poires**
150 g de **sucre en poudre**
30 g de **pistaches non salées** mondées
30 g de **noisettes** mondées
100 g de **chocolat noir à pâtisserie**
50 g de **beurre**
12 **feuilles de brick**
1 poignée de **pop-corn**

Pour la sauce chocolat :
250 g de **chocolat noir à pâtisserie**
10 cl de **crème fraîche**

**Préparez les papillotes** : épluchez et coupez les poires en quatre. Retirez les cœurs puis recoupez chaque quartier en deux. Versez le sucre dans une sauteuse. Ajoutez 15 cl d'eau et mélangez pour dissoudre le sucre. Portez à ébullition. Laissez cuire 10 minutes à petits bouillons. Posez les lamelles de poire dans la sauteuse et faites cuire 15 minutes. Retirez la sauteuse du feu et laissez refroidir complètement.

**Concassez** les pistaches et les noisettes. Cassez le chocolat en petits carrés. Faites fondre le beurre. Étalez les feuilles de brick sur le plan de travail et beurrez-les au pinceau. Superposez-les deux par deux. Égouttez les poires et réservez 10 cl de sirop.

**Garnissez** les feuilles de brick de lamelles de poire bien égouttées. Ajoutez les carrés de chocolat et les fruits secs concassés. Fermez les papillotes, en rabattant légèrement les feuilles de brick sur la garniture et en ficelant les extrémités. Enfournez les papillotes pour 10 minutes à four préchauffé à 180 °C.

**Faites fondre** le chocolat au bain-marie, avec le sirop réservé. Quand il est fondu, lissez la préparation et incorporez la crème fraîche en remuant.

**Répartissez** la sauce chocolat dans 6 assiettes creuses. Posez 1 papillote au centre de chaque assiette et ajoutez un peu de pop-corn. Servez immédiatement.

# pêches au sauternes en feuille de brick

Pour **6 personnes**
Préparation **15 minutes**
Cuisson **10 minutes**

6 belles **pêches**
30 cl de **sauternes**
6 c. à s. rases de **sucre en poudre**
75 g de **beurre**
12 **feuilles de brick**
3 c. à s. de **pignons de pin**
quelques **feuilles de menthe**

**Pelez** et coupez les pêches en tout petits dés. Mettez-les dans un saladier. Arrosez-les de sauternes et saupoudrez-les de sucre. Mélangez et réservez au frais, sous un film alimentaire.

**Faites fondre** le beurre. Étalez les feuilles de brick sur le plan de travail et badigeonnez-les de beurre à l'aide d'un pinceau. Superposez-les ensuite deux par deux.

**Garnissez** le centre des feuilles de brick de préparation à la pêche et au sauternes, et parsemez de pignons de pin. Ramenez les bords des feuilles vers le centre et nouez-les avec de la ficelle de cuisine, de manière à former une aumônière.

**Posez** les aumônières sur la plaque du four recouverte de papier sulfurisé et enfournez. Faites cuire 10 minutes à four préchauffé à 150 °C, en laissant la porte entrouverte. Servez dès la fin de la cuisson, avec une boule de glace à la vanille et quelques feuilles de menthe.

# pommes au four à l'orange en feuille de brick

Pour **6 personnes**
Préparation **20 minutes**
Cuisson **40 minutes** environ

2 **oranges** non traitées
75 g de **beurre**
6 **pommes** de type reinettes, pelées et coupées en cubes
100 g de **sucre**
12 **feuilles de brick**

**Brossez** les oranges sous l'eau chaude, essuyez-les et râpez finement les zestes puis prélevez leur jus.

**Faites fondre** 60 g de beurre dans une casserole. Quand il est mousseux, ajoutez les pommes et la moitié des zestes. Saupoudrez de 60 g de sucre et faites revenir 2 minutes en remuant, puis versez le jus d'orange et faites cuire à feu doux pendant 20 minutes, en remuant de temps en temps.

**Versez** le reste de sucre dans une petite casserole. Ajoutez 5 cl d'eau et remuez pour dissoudre le sucre. Mettez sur feu vif. Aux premiers bouillons, ajoutez les zestes d'orange restants et laissez bouillir jusqu'à ce qu'ils soient confits.

**Étalez** les feuilles de brick sur le plan de travail. Faites fondre le reste de beurre et badigeonnez-en les feuilles de brick. Superposez-les deux par deux.

**Quand les pommes sont cuites**, garnissez-en le centre des feuilles de brick et refermez celles-ci en forme de chausson. Enfournez et faites cuire 10 minutes à four préchauffé à 220 °C. Les feuilles de brick doivent être croustillantes.

**Sortez** les chaussons du four, disposez-les dans les assiettes, parsemez-les de zestes d'orange confits et servez aussitôt, avec de la crème glacée à la vanille.

# pommes en papillote

Pour **6 personnes**
Préparation **15 minutes**
Cuisson **35 minutes**

6 **pommes golden**
75 g de **beurre demi-sel**
100 g de **sucre en poudre**
75 g de **pistaches non salées** mondées
2 c. à s. rases de **cannelle en poudre**

**Lavez** et séchez les pommes. Coupez-les en deux dans la largeur. Posez les moitiés de pomme les unes à côté des autres dans une grande sauteuse, côté plat vers le haut. Ajoutez par-dessus le beurre en parcelles et saupoudrez de sucre. Ajoutez 3 cuillerées à soupe d'eau dans le fond de la sauteuse.

**Posez** la sauteuse sur feu doux et couvrez. Faites cuire 20 minutes, en remettant un peu d'eau au cours de la cuisson si nécessaire.

**Pendant ce temps**, préchauffez le four à 180 °C. Concassez les pistaches.

**Découpez** 12 carrés de papier sulfurisé et superposez-les deux par deux sur le plan de travail. Égouttez les pommes et posez ½ pomme au centre de chaque carré de papier. Saupoudrez de cannelle et parsemez de pistaches concassées. Arrosez ensuite du jus de cuisson des pommes. Fermez les papillotes en rabattant le papier sur les fruits et en le ficelant. Enfournez et faites cuire 15 minutes.

**Servez** dès la sortie du four, accompagné de crème fraîche épaisse.

# annexe

# table des recettes

## poissons

| | |
|---|---|
| papillote d'aiglefin à la menthe | 14 |
| bar en papillote au poivre du Sichuan | 16 |
| bar en papillote et champignons | 18 |
| papillote de bar aux légumes et à l'orange | 20 |
| papillote de bar aux deux coriandres et cheveux d'ange | 22 |
| cabillaud au citron vert et baies roses | 24 |
| pavé de cabillaud aux deux raisins | 26 |
| papillote de cabillaud, confiture de citron | 28 |
| papillote de cabillaud aux fruits exotiques | 30 |
| papillote de cabillaud aux légumes | 32 |
| papillote de cabillaud aux olives | 34 |
| papillote de chou aux crevettes | 36 |
| papillote de coquillages au citron vert et au thym | 38 |
| papillote de colin à la vanille et au gingembre | 40 |
| papillote de lieu jaune aux courgettes | 42 |
| daurade en papillote | 44 |
| papillote de gambas au poivre vert | 46 |
| papillote de maquereau, pommes et gingembre | 48 |
| merlan, julienne de légumes, sauce rouille | 50 |
| mulet en feuille de bananier | 52 |
| filet de rascasse à la sicilienne | 54 |
| papillote de saint-jacques entrelardées aux raisins secs | 56 |
| bouchée de saint-jacques en feuille de brick | 58 |
| papillote de saint-jacques aux agrumes | 60 |
| papillote de saint-jacques aux endives | 62 |
| pavé de saumon en papillote aux légumes grillés | 64 |
| saumon et salade de chou rouge à la scandinave | 66 |
| papillote de saumon méditerranéenne | 68 |
| papillote de saumon, poireau et avocat | 70 |
| pavé de saumon en papillote croustillante au chou vert | 72 |
| papillote de roulés de sole et endives au cumin | 74 |
| papillote de truite de mer aux pousses d'épinard | 76 |
| papillote de lotte à la citronnelle | 78 |
| papillote de rouget aux épinards | 80 |
| filets de rouget en papillote de laitue | 82 |
| papillote de rouget aux légumes et aux olives | 84 |
| papillote de rouget à l'orge et aux tomates en feuille de bananier | 86 |
| papillote de poisson au citron, olives et légumes | 88 |

| | |
|---|---|
| papillote aux deux poissons et légumes | 90 |
| filet de poisson à l'aneth et aux tomates | 92 |
| brochettes de poissons aux légumes | 94 |
| papillote de poisson au fromage frais | 96 |

## volailles

| | |
|---|---|
| blanc de volaille farci aux champignons | 100 |
| papillote de pintade au beurre de miel et raisins | 102 |
| papillote à la basquaise | 104 |
| poulet à la moutarde en papillote | 106 |
| poulet au lard et au citron | 108 |
| boulettes de poulet haché aux herbes et riz blanc | 110 |
| papillote zen de blanc de poulet, pomme, céleri | 112 |
| filet de poulet et boulgour au pesto | 114 |
| papillote de poulet au curry et au lait de coco | 116 |
| papillote de poulet au fenouil et à la courgette | 118 |
| papillote de poulet au melon | 120 |
| papillote de poulet aux légumes | 122 |
| papillote d'aiguillettes de poulet à la forestière | 124 |
| papillote d'aiguillettes de poulet à la printanière | 126 |
| papillote de blanc de poulet à la crème fraîche et au basilic | 128 |
| filet de dinde aux courgettes émincées | 130 |
| filet de dinde roulé au prosciutto et au parmesan | 132 |
| caille enrubannée de feuille de vigne | 134 |
| filet de canard pané aux écrevisses et ratatouille | 136 |

## viandes

| | |
|---|---|
| boulettes de veau à la vapeur, graines de sésame et coriandre | 140 |
| grenadins de veau pékinois | 142 |
| rôti de veau aux herbes et épices en papillote | 144 |
| filet mignon de veau farci aux girolles et ratatouille | 146 |
| cuisse de lapin en papillote | 148 |
| papillote de lapin à la coriandre et au citron | 150 |
| gigot d'agneau au céleri | 152 |
| papillote de bœuf aux lentilles | 154 |
| papillote de bœuf et potiron en feuilles filo | 156 |
| papillote de porc aux deux choux | 158 |

| | |
|---|---|
| rôti de porc à l'orientale | 160 |
| cèpes et boudin en feuilles de brick | 162 |

## végétariens

| | |
|---|---|
| bouchées de galettes de légumes en feuille de bananier | 166 |
| brick de poire au chèvre | 168 |
| légumes verts en papillote | 170 |
| papillote à l'italienne | 172 |
| papillote de légumes | 174 |
| papillote de lentilles vertes aux légumes | 176 |
| papillote mexicaine épicée | 178 |
| papillote de petits légumes au pesto | 180 |
| papillote vapeur de mille-feuille pomme et chèvre | 182 |
| papillote de légumes aux tomates | 184 |
| papillote de tomate et feta | 186 |
| patate douce en papillote | 188 |
| pommes de terre au four au sarasson | 190 |

## desserts

| | |
|---|---|
| banane au lait de coco | 194 |
| bonbons croustifondants à l'ananas | 196 |
| brick aux pêches | 198 |
| crumble de fruits rouges en papillote | 200 |
| fruits aux épices en papillote | 202 |
| papillote de fruits au beurre vanillé | 204 |
| papillote poire, figue et banane aux épices, glace au nougat | 206 |
| papillote d'agrumes au miel | 208 |
| papillote d'ananas au citron vert et beurre de rhum | 210 |
| papillote de banane à la vanille | 212 |
| papillote de figues aux pruneaux et à la crème de mûre | 214 |
| papillote de fruits d'hiver | 216 |
| papillote de fruits à la menthe | 218 |
| papillote de fruits frais et fruits secs | 220 |
| papillote de poire au gingembre et pistaches | 222 |
| papillote aux abricots | 224 |
| papillote croustillante à la poire, sauce chocolat | 226 |
| pêches au sauternes en feuille de brick | 228 |
| pommes au four à l'orange en feuille de brick | 230 |
| pommes en papillote | 232 |

# Crédits photographiques

## Photos © agence Sucré Salé

Jean Claude Amiel pages 6, 21, 1 et 27, 51, 89, 109, 115, 145, 147, 155, 159, 203 ;
Yves Bagros pages 39, 59, 119, 121, 123, 149, 163, 171, 183, 229, 231 ;
Jean Blaise Hall pages 31, 47, 55, 65, 79, 103, 10 et 125, 143 ;
Jean François Rivière pages 57, 91, 97, 101, 131 ;
Fabrice Veigas pages 19, 75, 81, 105, 173 ;
Pierre Desgrieux pages 71, 207, 215, 233 ;
Becky Lawton pages 45, 175, 177, 221 ;
Pierre Louis Viel pages 63, 67, 73, 151 ;
Éric Fénot pages 43, 83, 85 ;
Bruno Marielle pages 29, 201, 2 et 217 ;
Jean Christophe Riou pages 49, 107, 185 ;
Jean Daniel Sudres pages 195, 209, 227 ;
Tom Swalens pages 93, 111, 133 ;
Jean Charles Vaillant pages 61, 181, 211 ;
Food & Drink pages 23, 53, 167 ;
Roulier/Turiot pages 33, 95, 127 ;
Thys/Supperdelux pages 15, 137, 157 ;
Jérome Bilic pages 129, 205 ;
Michel Bury pages 213, 223 ;
Jacques Caillaut pages 135, 179 ;
Alain Muriot page 153, 161 ;
Natacha Nikouline pages 113, 189 ;
Bernhard Radvaner pages 69, 169 ;
Studio pages 9 et 87, 191 ;
Éric Berrué page 24 ;
Alain Caste page 219 ;
Jordy Garcia page 17 ;
Hartmut Kiefer page 225 ;
Michel Langot page 41 ;
Jean François Mallet page 141 ;
Loic Nicoloso page 77 ;
Bob Norris page 37 ;
Rina Nurra page 4 et 35 ;
Jean Michel Renaudin page 117 ;
Manfred Seelow page 199 ;
Boulay/Paquin page 187 ;
Poisson d'Avril page 197.

## Photos © agence Shutterstock

V. Shvydkova page 8 ;
Africa Studio page 11 ;
Joe Gough page 12 ;
Man Horng page 98 ;
Jiang Hongyan page 138 ;
Denis Vrublevski pages 164, 192 ;
Sandra Caldwell page 234.

# Les nouveautés :

# Découvrez toute la collection :

## entre amis
À chacun sa petite cocotte
Apéros
Brunchs et petits dîners pour toi & moi
Chocolat
Cocktails glamour & chic
Cupcakes colorés à croquer
Desserts trop bons
Grillades & Barbecue
Verrines

## cuisine du monde
200 bons petits plats italiens
Curry
Pastillas, couscous, tajines
Spécial thaï
Wok

## tous les jours
200 plats pour changer du quotidien
200 recettes pour étudiants
Cuisine du marché à moins de 5 euros
Les 200 plats préférés des enfants
Mon pain
Pasta
Pâtisserie facile
Petits gâteaux
Préparer et cuisiner à l'avance
Recettes faciles
Recettes pour bébé
Risotto et autres façons de cuisiner le riz
Spécial Débutants
Spécial Poulet

## bien-être
5 fruits & légumes par jour
21 menus minceur pour perdre du poids
21 menus minceur pour garder la ligne
200 recettes vitaminées au mijoteur
Papillotes, la cuisine vapeur qui a du goût
Petits plats minceur
Poissons & crustacés
Recettes vapeur
Salades
Smoothies et petits jus frais & sains
Soupes pour tous les goûts

**SIMPLE PRATIQUE BON** | **POUR CHAQUE RECETTE, UNE VARIANTE EST PROPOSÉE.**